RAKE
VERLAG

Susanne Puls

ENDLICH
Nichtreiter

Eine Nicht-Reitlehre für Anfänger und hoffnungslose Fälle

RAKE
VERLAG

1. Auflage 2002

info@rake.de
www.rake.de
Umschlaggestaltung und Umschlagfoto von Andreas Poloczek
Druck und Bindung Memminger MedienCentrum
Gedruckt auf säurefreiem, chlorfrei gebleichtem Papier
Printed in Germany
ISBN 3-931476-80-4

INHALTSVERZEICHNIS

0. ICH BIN FREI!

EIN VORWORT

Was Sie, sehr verehrter Leser, gerade in der Hand halten, ist Ihr Tor zur Freiheit, Ihre einzige reelle Chance, endlich mit dem Reiten aufzuhören oder – noch besser – nie damit anzufangen.

Jeden Tag aufs Neue bringt die Reiterei unvorstellbares Leid über Millionen unglücklicher Abhängiger, die nicht in der Lage sind, sich aus dem Teufelskreis von hippologischem Wahn und unkontrollierbarem Reitartikelkonsum zu befreien. Doch nicht die graue Theorie ist in der Lage, diesen Unglücklichen zu helfen. Denn alles Faktenwissen kann einen Suchtkranken nicht von seinem Laster erlösen. Die wahre Heilkraft muss von innen kommen, der Kranke muss gesund werden *wollen.*

Daher lade ich Sie, lieber Leser, dazu ein, mit mir zu kommen. Lassen Sie uns gemeinsam den Weg in die tiefsten Tiefen der Abhängigkeit hinein schreiten. Beginnend mit dem noch harmlos scheinenden Erstkonsum einer Longenstunde bis hin zur nie enden wollenden Demütigung, die das Leben des gewohnheitsmäßigen Reiters bestimmt. Wir werden auch nicht vor dem gefährlichsten Exzess Halt machen, dem sich mancher Reitsuchtkranke auf dem Gipfel seiner Abhängigkeit hingibt: dem eigenen Pferd.

Begleiten Sie mich also, lieber Leser, vertrauen Sie mir! Ich spreche mit der Erfahrung von sieben dunklen Jahren. Aber ich habe den Abgrund durchschritten. Und wenn auch Sie den Mut dazu aufbringen, dann werden Sie – wie ich – bald stolz von sich sagen können: ICH BIN FREI!

I. REITEN LERNEN

1. DIE AUSRÜSTUNG DES REITERS

Beginnen wir mit Geldausgeben

Um es gleich vorwegzunehmen: Für Ihre Anfangsausrüstung werden Sie sich noch nicht in den Ruin stürzen. Die Betonung liegt auf *noch* nicht. Den tieferen Sinn dieses »noch« werden Sie spätestens in Kapitel IV (Das eigene Pferd) schmerzhaft erfahren müssen.

Dennoch kann Ihnen der Besuch im Reitsportgeschäft auch schon als Anfänger einen guten Überblick über die komplette Reiterszene geben. Suchen Sie sich also am besten ein großes Fachgeschäft mit einer breit gefächerten Produktpalette vom Ausbinder bis zum Zusatzfutter, auch wenn Sie vorerst nur auf der Suche nach Reithose und Stiefeln sind.

Wenn Sie den Laden betreten, wird Ihnen zunächst ein angenehmer Geruch nach Leder und Pferdeleckerlis in die Nase steigen. Lassen Sie sich davon nicht täuschen! Werfen Sie vielmehr einen Blick auf die Gesichter der anderen Kunden!

Da ist zum Beispiel die blonde junge Frau mit der Baseballkappe, die voller Konzentration vor einem Drehständer mit silberglänzenden Trensengebissen steht und alle der Reihe nach durchfingert. »Manu, ich glaub ich nehm ma ein schärferes Gebiss mit«, kreischt sie plötzlich durch den Laden. Manu ist vermutlich die kleine Rothaarige, die bepackt mit weißen Dressurschabracken, mit missmutigem Gesicht das Sporensortiment begutachtet. »Jaaa, mach ma«, grölt sie zurück. Die beiden gehören mit an Sicherheit grenzender Wahrscheinlichkeit zu dem mintgrünen Isuzu-Trooper, der die beiden letzten freien Parkplätze vor dem Geschäft für sich in Anspruch genommen hat.

Dann ist da diese dickliche Frau mittleren Alters, die mit hoch rotem Kopf und Panik in den Augen, aber nichtsdestotrotz unentwegt grinsend, hin und her schwankt. Ihr rechtes Bein steckt in einem glänzenden schwarzen Lederstiefel, welcher wiederum in einem hölzernen Gestell steckt, das dem Stiefelausziehen dienen soll. Die Hände der Frau umklammern die Griffe des Gestells, und jedes Mal wenn sie an ihnen zieht, bringt sie sich selber aus dem Gleichgewicht. »Was haben Sie aber auch für ein ungewöhnliches Wadenmaß«, sagt die Verkäuferin, die mitleidlos danebensteht und unaufhörlich mit dem Kopf wackelt.

Von hinten stürmt ein junger Mann an Ihnen vorbei, bepackt mit fünf gebrauchten Sätteln. »Die passen alle nicht«, keucht er dem Verkäufer hinter der Kasse zu. »Meine Freundin sagt, ich soll noch mehr zum Probieren mitnehmen.«

In diesem Moment stoßen Sie mit einem riesigen, dünnen Mann mit Schnauzbart und Cowboyhut zusammen, der aber so in das Gespräch mit seiner Begleiterin vertieft ist, dass er gar nicht zur Kenntnis nimmt, wie Sie sich dafür entschuldigen, dass er Sie umgerannt hat. »Das ist alles nur eine Frage des Horsemanship«, sagt er gerade zu der von Hut bis Sohle in Jeans gekleideten Frau, die begeistert nickt. »Was für ein Schiff?«, denken Sie entgeistert und beobachten, wie die beiden vor den troddelgeschmückten Showhalftern Halt machen und sofort mit einer Verkäuferin eine Diskussion um die Qualität des verwendeten Rohleders beginnen.

Begehen Sie jetzt nicht den Fehler zu glauben, dass es sich bei diesen Leuten um Menschen handelt, die bereits in die tieferen Geheimnisse des Reitsportes eingedrungen sind und somit Ihren Respekt verdienen!

Schauen Sie sich die Trottel bitte noch einmal genau an! Wollen Sie mit denen nach der Arbeit ein Bier trinken gehen? Nein? Na sehen Sie!

So, jetzt wird es aber Zeit, dass wir Ihre Erstausstattung erwerben!

Vielleicht stehen Sie ja auch schon seit geraumer Zeit vor den mit Reithosen behängten Kleiderständern und haben schon mal einen Blick auf das Angebot geworfen. Wahrscheinlich beschleicht Sie auch schon ein erster Zweifel, ob so eine lederbesetzte Ballettstrumpfhose denn auch figurgünstig ist. Und dazu auch noch schwarze Stiefelchen? Ist das nicht vielleicht bestenfalls ein bisschen albern und schlimmstenfalls, na ja, sogar ein bisschen … anrüchig? Nur zu, geben Sie Ihren Zweifeln nach! Machen Sie auf dem Absatz kehrt und verlassen Sie den Laden! Vergessen Sie nicht, dass Sie ein freier Mensch sind!

Aber nein, Sie wollen das jetzt durchziehen, nicht wahr? Sie bleiben brav stehen und warten, bis jemand kommt, der sich um Sie kümmert. Machen Sie sich nichts draus, das war mir klar.

Mittlerweile dürfte einer Verkäuferin nun auch Ihr ratloses Gesicht aufgefallen sein. Das wäre dann für mich eine gute Gelegenheit, Ihnen schnell noch ein paar Informationen über Reitsportgeschäftspersonal mit auf den Weg zu geben. Fast alle Angestellten in solchen Läden sind selber Reiter und Pferdebesitzer und quasi über ihr Hobby zu diesem Beruf gekommen. Nicht selten handelt es sich auch um die Ehefrauen nicht ganz schlecht verdienender Männer, die außer Hausarbeit und Pferdeversorgung einfach noch eine weitere erfüllende Beschäftigung brauchen. Aber wie dem auch sei, es handelt sich durchweg um Menschen, die selber ganz tief in der Sache drinstecken. Das könnte Sie jetzt zu der Annahme verleiten, dass dies doch eine wunderbare Sache ist, da man ja bekanntlich von Insidern auch die besten Tipps bekommt. Irrtum! Natürlich werden Ihnen im Laufe Ihrer Reiterkarriere Hunderte von Verkäufern unzählige Anekdoten aus ihrem eigenen Reiterleben erzählen und Sie, gefragt oder ungefragt, mit Tipps aus ihrem Erfahrungsschatz beglücken.

Hören Sie gar nicht erst hin! Die haben auch keine Ahnung!

Die Betonung liegt diesmal auf »auch«. Sie haben es nämlich hauptsächlich nicht etwa mit böswilligen Menschen sondern einfach mit Pseudo-Experten zu tun, die genauso wenig wissen wie Sie, aber einfach so tun als ob. Ein Phänomen übrigens, das die gesamte Reitszene prägt.

Trotzdem werden Sie jetzt natürlich voller Elan das erste Verkaufsgespräch Ihres Reiterlebens führen. Sie erwerben eine Reithose mit Ganzlederbesatz eines namhaften Herstellers, ein Paar Lederstiefel der günstigeren Sorte, ein Paar Baumwollhandschuhe, die Ihnen die Verkäuferin empfiehlt und die in spätestens zwei Wochen nur noch aus Löchern bestehen werden, und eine Dressurgerte. Die Gerte besteht aus einem neuartigen, hoch elastischen und unkaputtbaren Material, übrigens ein Abfallprodukt aus der Weltraumforschung, das einen wirklich dämlichen Namen hat. Flex-i-fib, Ride-o-flex oder so ähnlich.

Jetzt müssen Sie sich nur noch schnell erkundigen, ob man in dem Laden auch mit Electronic Cash bezahlen kann, denn Sie tragen ja keine 500 Euro einfach so in der Tasche.

Das hätten Sie auch billiger haben können? Meinen Sie? Ach, eine Polyacryl-Hose ohne Lederbesatz, ein Paar Gummistiefel und eine Gerte, die nicht weltraumtauglich ist, hätten's auch getan? Da muss ich Ihnen widersprechen. Erstens hätten Sie noch viel mehr Geld ausgeben können, Sie sind wirklich auf dem Teppich geblieben! Und zweitens möchte ich Ihnen ein Zitat nicht vorenthalten, das mir ein Reitladenverkäufer einmal mit auf den Weg gab, nachdem ich seiner Meinung nach nicht genug Geld in seinem Geschäft ausgegeben hatte:

»Sie können einen Golf fahren, der fährt schließlich auch. Sie können aber auch einen Mercedes fahren.«

Verlassen Sie den Laden, steigen Sie in Ihren Golf, und denken Sie darüber nach!

2. DER KLASSISCHE SCHULBETRIEB

Es ist keine Kunst, eine schlechte Reitschule zu finden

Bevor wir jetzt das Telefonbuch aufschlagen, um eine Reitschule für Sie zu suchen, muss ich Ihnen noch eine dumme Frage stellen. Sie haben Recht, es gibt keine dummen Fragen, nur dumme Antworten. Also, die Frage lautet:

Warum wollen Sie eigentlich reiten lernen?

?

Wie, das ist alles? Na, kommen Sie, versuchen Sie es!

??

Auch nicht viel besser. Trauen Sie sich doch einfach!

???

Ts, ts, ts. Wieso zieren Sie sich so? Sie haben nichts zu verlieren!

Weil ich Pferde mag.

Aha! Na, das ist doch schon mal was. Leider aber völliger Unsinn. Wenn Sie Pferde mögen, warum wollen Sie

sich dann auf sie draufsetzen. Glauben Sie, denen gefällt das? Nicht wirklich, oder?
Weil ich Sport treiben will.
Lasse ich nicht gelten. Warum spielen Sie dann nicht Tennis, machen Aerobic oder stemmen Gewichte? Zu anstrengend, was? Sie lassen sich wohl lieber in der Gegend rumtragen …
Weil ich mich an der frischen Luft bewegen will.
Bah ... Warum gehen Sie nicht spazieren? Was ist mit Joggen? Oder Rad fahren?
Weil es Spaß macht.
Das ist jetzt – mit Verlaub – wirklich eine dumme Antwort. Woher wollen Sie das denn wissen, Sie haben ja noch nicht mal angefangen! Außerdem macht es keinen Spaß, lassen Sie sich das von mir gesagt sein.

Nun gut, einigen wir uns darauf, dass Sie eigentlich gar nicht genau wissen, warum Sie reiten lernen wollen. Es muss wohl so was wie eine fixe Idee von Ihnen sein. Macht nichts, ist wirklich nicht schlimm, *noch* nicht schlimm.

Wenn ich einen Raucher frage, warum er raucht, sagt er schließlich auch nicht: Weil ich lungenkrank werden will …

Aber Sie sollten diesen kleinen Dialog im Gedächtnis behalten und daran zurückdenken, wenn es bereits schlimmer um Sie steht …

Nach diesem Exkurs sollten wir uns nun aber wieder der Praxis zuwenden.

Einen Reitstall in Ihrer Nähe zu finden, wird Ihnen nicht schwer fallen, vorausgesetzt Sie haben ein Telefonbuch zur Hand und verfügen über den nötigen Sprachwitz, um einen entsprechenden Eintrag zu finden.

Sie können jetzt natürlich anfangen, unter so profanen

Suchbegriffen wie »Reitschule« oder »Reitverein« zu recherchieren, das Ergebnis wird dann aber recht dürftig sein. Wenn Sie zum Beispiel in Frankfurt wohnen, sind Sie besser beraten unter »F« wie »Frankfurter Reitverein« nachzuschlagen.

Ob manche Reitställe sich absichtlich vor potenziellen Anrufern verstecken, indem Sie einen Telefonbucheintrag wie »Concordia Reit- und Fahrclub« wählen, ist fraglich. Rückschlüsse auf die Geistesgaben der Sekretariatsmitarbeiter zu ziehen, wäre jetzt aber doch ein bisschen boshaft ...

Wenn Sie nun zehn Telefonnummern ermittelt haben, können Sie anfangen diese abzutelefonieren.

Bei fünf von zehn geht niemand ans Telefon.

Bei vier Anrufen werden Sie Gelegenheit haben, entweder das polnische Stallpersonal kennen zu lernen oder das bezaubernde Kichern eines pubertierenden Mädchens zu hören.

Über den Informationsgehalt dieser neun Telefonate muss ich wohl nichts sagen.

Wenn Sie Glück haben, wird beim zehnten Anruf eine einigermaßen geschäftstüchtige Person am anderen Ende sein. Und wenn Sie sehr viel Glück haben, vielleicht sogar der Reitlehrer selbst. Und wenn dem so ist – BINGO! – haben Sie Ihre Reitschule gefunden! War doch gar nicht so schwer, oder?

Sollte das Telefonieren nicht so Ihre Sache sein, können Sie sich natürlich auch mit einem Stadtplan bewaffnen und die einschlägigen Adressen abklappern. Bei dieser Tour werden Sie eine Menge kichernder Mädchen, freundliche polnische Mitbürger ohne nennenswerte Deutschkenntnisse und vielleicht auch einen Reitlehrer kennen lernen, der bereit ist, einen Termin für eine Reitstunde mit Ihnen auszumachen.

Damit haben Sie nun also den sprichwörtlichen Fuß in der Tür, dem Start Ihrer Reiterkarriere steht nun nichts mehr im Wege.

Über die Qualität des von Ihnen gewählten Reitbetriebes können Sie sich an diesem Punkt natürlich noch kein Urteil erlauben. Ja, ja, Sie haben zwar das Kapitel »Wie man einen guten Reitstall findet« Ihrer Reitlehre (ich WEISS, dass Sie so etwas besitzen!) gelesen, aber was nützt Ihnen die schönste Checkliste angesichts des traurigen Angebotes? Man muss ja schließlich nehmen, was man kriegt, oder?

Gehen Sie also entschlossenen Schrittes den gleichen Weg, den Tausende anderer hoffnungsvoller Reitaspiranten vor Ihnen gegangen sind, und beginnen Sie mit:

Longenstunden

Die ersten Reitstunden an der Longe haben den entscheidenden Vorteil, dass Sie Ihren Reitlehrer ganz für sich alleine haben. Natürlich nur, wenn man von seinem ständig klingelnden Handy und den Vereinskollegen auf der Tribüne absieht, die allesamt wesentlich interessanter sind als ein unbeholfener Reitanfänger.

Falls Sie weiblichen Geschlechtes sind und Ihr Reitlehrer männlich, haben Sie nun die einzigartige Gelegenheit, konkurrenzlos Ihren Charme auszuspielen. Reitlehrer mögen so was. Wenn Sie ihm gefallen, haben Sie später beim Abteilungsreiten bessere Chancen, ein gutes Pferd zugeteilt zu kriegen. Nur zu!

Aber Sie sind ja eigentlich zum Reiten hergekommen, nicht wahr? Na gut, wie ergeht es Ihnen denn so auf dem Pferderücken?

Vermutlich sind Sie nicht wenig aufgeregt, Sie befinden sich gewissermaßen sogar in einer Stress-Situation. In solchen Fällen schüttet der Körper ganz gerne eine Substanz aus, die sich Adrenalin nennt. Was in erster Linie dazu führt, dass Ihr Puls rast, vielleicht ist Ihnen auch auf dem Magen nicht richtig gut oder Sie haben Ohrensausen.

Das ist normal. Denken Sie daran, dass es sogar Menschen gibt, die adrenalinsüchtig sind!

Unter Ihnen bewegt sich Ihr Longenpferd im Schritt, Trab und Galopp. Angeleitet von den mehr oder weniger hilfreichen Kommentaren des Reitlehrers, müssen Sie nun versuchen, irgendwie oben zu bleiben.

Vielleicht wäre es ja jetzt schon einmal an der Zeit, an unser kleines Gespräch von vorhin zurückzudenken? Warum tun Sie sich das an? Sie sind ein erwachsener Mensch, machen Sie sich etwa gerne lächerlich? Da hängen Sie nun wie ein nasser Sack auf einem rasenden Vierbeiner, den irgendein Typ an der Leine hält, den Sie im normalen Leben vermutlich keines zweiten Blickes gewürdigt hätten, der Ihnen in dieser Umgebung aber gottgleiche Züge zu tragen scheint.

Und noch ein Wörtchen zur Umgebung. Vermutlich findet Ihr Initiationsritus der ersten Longenstunde in der Reithalle statt. Der staubig, muffige Sägespangeruch erinnert Sie an die Zirkusbesuche in Ihrer Kindheit. Erinnern Sie sich auch an die Clowns, über die Sie sich damals totgelacht haben? Jetzt sind Sie so einer!

Wollten Sie nicht eigentlich an die frische Luft?

Aller Anfang ist schwer, sagen Sie? Es ist noch kein Meister vom Himmel gefallen? Nein, tatsächlich nicht, vom Pferd allerdings nicht wenige ...

Gut, ich merke, dass Sie nicht in der Stimmung für platte Scherze sind, also fasse ich noch einmal ganz sachlich zusammen:

Sie wissen nicht genau, warum Sie reiten lernen wollen. Ihre erste Reitstunde macht Ihnen keinen Spaß. Sie kommen sich augenblicklich dämlich vor. Trotzdem wollen Sie weitermachen?

Ja, ja, ja, das wollen Sie und das werden Sie. Auch das wusste ich schon vorher. (Verzeihen Sie mir daher dieses kleine therapeutische Zwischenspiel.)

Sie haben es geschafft. Die halbe Stunde ist vorüber. Der Reitlehrer lässt das Longenpferd anhalten. Zitternd und schweißnass gleiten Sie aus dem Sattel. Aber was ist es für ein Glücksgefühl, diese Prüfung überstanden zu haben!

Während irgendein Mädchen das brave Schulpferd in den Stall zurückführt, führen Sie noch einen originellen kleinen Dialog mit dem Reitlehrer. Hauptsächlich geht es darum, dass Sie ja schon als Kind immer reiten wollten, ein Lebenstraum gewissermaßen. Jetzt sind Sie ja so glücklich, dass Sie sich Ihren Traum nun verwirklichen können.

Da stehen Sie nun mit roten Wangen und glänzenden Augen (von den zitternden Knien gar nicht zu reden) und fühlen sich ein bisschen so wie ein Teenager nach einem Livekonzert seiner Lieblingsband. (Es war furchtbar laut, eng, tausend Betrunkene sind einem über die Füße getrampelt und man hat den Sänger kein einziges Mal gesehen, aber es war sooo schön.)

Der Reitlehrer lächelt, nickt und schweigt. Außerdem nimmt er von Ihnen fünfzehn Euro entgegen und nennt Ihnen einen Termin für die nächste Woche. Dann wendet er sich anderen Dingen zu.

Sie bleiben beseelt zurück. Natürlich werden die nächsten Longenstunden genauso furchtbar sein wie die erste.

Nein, vielleicht nicht genauso. Denn noch machen Sie tatsächlich Fortschritte, noch sind Sie voller Hoffnung und freuen sich auf das:

Abteilungsreiten

Es ist das erklärte Ziel jedes Reitanfängers möglichst schnell von der Longe weg zu kommen und somit in der Abteilung mitreiten zu dürfen. Sie wollen ja schließlich auch »richtig reiten«, oder?

Und was macht es schließlich für einen Eindruck, wenn Sie Ihre Kollegen und Verwandten zwar einerseits mit dem Satz »Ich reite.« beeindrucken können, dann aber kleinlaut zugeben müssen, dass der Reitlehrer das Pferd an einer Leine im Kreis rumlaufen lässt. So etwas versteht ein Laie schließlich nicht.

Also wollen Sie richtig reiten, so mit Lenken, also am Zügel ziehen, und natürlich auch ausreiten, an der frischen Luft, und vielleicht mal einen kleinen Sprung machen, einen Parcours reiten ...

Den Longenunterricht begreifen die meisten Reitschüler als so etwas wie die Warteschleife zum großen Reiterglück. Es scheint – rein hippo ... äh ... hypothetisch – noch alles drin zu sein. Die ganz große Reitkunst scheint in greifbarer Nähe zu liegen.

Und genau diese Erwartungshaltung ist es, welche die Longenstunden zu einer gefährlichen Einstiegsdroge werden lässt. Wenn Sie diesen Punkt erreicht haben, dann wollen Sie, dann müssen Sie weitermachen.

Nach ca. fünf bis zehn Longenstunden ist es dann soweit, Sie dürfen in die Abteilung!

Jetzt sind Sie fast wieder genauso aufgeregt wie beim ersten Mal, als Sie den Stall betreten und gespannt nach der Einteilung der Schulpferde Ausschau halten. Meistens handelt es sich dabei um einen Zettel, der ans schwarze Brett gepinnt wird oder um eine gemeine Schiefertafel. In jedem Falle finden Sie eine Auflistung der Schulpferdenamen vor, und hinter jedem Pferdenamen hat der Reitlehrer einen Schülernamen notiert. Damit auch ein jeder weiß, welche Paare sich in der kommenden Reitstunde zusammenfinden sollen.

Begreifen Sie das System? Hier wird eine Spannungssteigerung mit Stilelementen des Lotteriespiels vorgenommen! Sie wissen vorher nie, was Sie erwartet, ein Hauptgewinn oder eine Niete – und Sie hoffen und bangen jedes Mal aufs Neue.

Aber dies ist ja Ihre erste Abteilungsstunde, und Sie kennen bislang nur Ihr ehemaliges Longenpferd. Beobachten Sie trotzdem einmal die Reaktionen der übrigen Schüler, wenn sie den Einteilungsplan studieren. Von haltlosem Jubel bis zum resignierten Stöhnen wird alles dabei sein. Hier sind tatsächlich echte Emotionen im Spiel!

So, Sie haben nun also herausgefunden, dass Sie in der 19-Uhr-Stunde den Fritz (um einen beliebigen Namen zu wählen) reiten sollen. Den Fritz haben Sie schon einmal gesehen, als Sie neugierdehalber durch den Schulpferdetrakt spaziert sind. Das ist der große Fuchs mit der Blesse in der vorletzten Box.

Die Sattelkammer kennen Sie natürlich auch. Haben Sie ebenfalls neugierdehalber schon mal rein geguckt. Da hängen mehr oder weniger ordentlich Sättel und Zaumzeuge der Schulpferde. Jeder Ausrüstungsgegenstand ist mit einem Klebeschildchen versehen, auf dem der Name des zugehörigen Pferdes steht. Nun ja, fast jeder Ausrüstungsgegenstand. Es gelingt Ihnen immerhin den Sattel des Fritz zu identifizieren, nach einem Zaumzeug halten Sie vergeblich Ausschau.

Mittlerweile ist in der Sattelkammer und im Boxentrakt hektische Betriebsamkeit ausgebrochen. Die anderen Reitschüler wissen anscheinend ganz genau, was zu tun ist und putzen und satteln emsig ihre Pferde.

Vorsichtig linsen Sie die Stallgasse hinunter. Ist da nicht vielleicht irgendwo der Herr Reitlehrer zu sehen? Schließlich weiß er doch, dass Sie heute Ihre erste Abteilungsstunde haben und dass Sie noch nie selber ein Pferd gesattelt haben. Das weiß er doch, oder?

Tja, wenn er dies wissen sollte, dann bezweifle ich ganz stark, dass er sich darüber auch nur den klitzekleinsten Gedanken macht. Wenn Sie es nicht lassen können, dann gehen Sie ruhig los und suchen Sie den Herrn Reitlehrer. Reißen Sie ihn aus einem hoch interessanten Gespräch mit einer attraktiven Reitschülerin heraus und weisen Sie ihn darauf hin, dass Sie Hilfe beim Satteln benötigen. Er wird Sie angucken als hätte er Sie noch nie gesehen, dann wird er die Stirn runzeln und Ihnen den Rat erteilen, einen der anderen Reitschüler um Hilfe zu bitten.

Diesen Teil können Sie sich auch ersparen und gleich einen anderen Reitschüler bitten, Ihnen zu helfen.

Suchen Sie sich ein älteres Mädchen aus, das die Pubertät vielleicht auch schon hinter sich hat und das so aussieht als hätte es Freude daran, Erwachsene zu belehren. Fragen Sie nicht die dickliche Frau mittleren Alters mit den neuen und offensichtlich unbequemen Reitstiefeln. Sie sieht zwar ganz sympathisch aus, wird Ihnen aber auch nicht helfen können, da sie selber es seit zwei Jahren nicht schafft, ihr Pferd selbständig zu satteln und zu trensen.

Wenden Sie sich also an die Mädchen-Mafia, die jeden Schulbetrieb beherrscht. Dann wird auch im Nu die verloren geglaubte Fritz-Trense von irgendwoher auftauchen, und Ihr Schulpferd steht in Kürze fertig ausgerüstet in seiner Box (oder davor, je nachdem, welches heilige Putz- und Sattelritual in Ihrem Schulbetrieb ausgeübt wird).

Mit dieser Vorgehensweise ersparen Sie es sich alles falsch zu machen. Denn das hätten Sie ohne Zweifel getan. Auf der anderen Seite werden Sie beim nächsten Mal wieder genauso ahnungslos da stehen, da Ihre kleine Helferin zwar während des Putzens und Sattelns ganz viel mit dem Fritz geredet hat, nicht aber mit Ihnen. Sie haben nur wie ein Vollidiot daneben gestanden und versucht durch Zusehen zu lernen. Machen Sie sich keine Hoffnungen, dadurch werden Sie's vor der nächsten Reitstunde auch nicht selber können!

Ja, und jetzt stehen Sie da, die Zügel Ihres Rosses in der Hand, das immer mal wieder versucht, Sie zu dem Heuhaufen rüberzuzerren, der sich in der anderen Ecke der Box befindet. Sie versuchen natürlich, dieses aufsässige Treiben zu beenden, was Ihnen immerhin schon mal Gelegenheit gibt, an den Zügeln zu ziehen, probehalber sozusagen.

Aber was sollen Sie jetzt tun? Tendenziell halten Sie sich ja für einen selbständigen Menschen, aber jetzt einfach mit dem Pferd in die Halle zu latschen und »Hallo, hier bin ich!« zu rufen ist auch nicht so ganz Ihr Ding. Also bleiben Sie erstmal, wo Sie sind und gucken, was die anderen Reitschüler so treiben. Mmmh, die werkeln alle ziemlich hektisch herum. »Steigbügelriemen richtig einstellen«, summt eine Stimme in Ihrem Kopf. Hatte da nicht so was in Ihrer Reitlehre gestanden? Wie war das nochmal? Sie fangen ziemlich unmotiviert an am Sattel herumzuzerren.

Der Fritz legt die Ohren an und wirft Ihnen böse Blicke zu, woraufhin Sie wieder zu Bewegungslosigkeit erstarren.

Es ist jetzt fünf vor sieben. Normalerweise würden Sie um diese Zeit gemütlich vor dem Fernseher sitzen und Vorabendserien gucken, oder ein Bierchen trinken mit ein paar netten Kollegen. Doch stattdessen stehen Sie in Ihrer neuen Deppenuniform ziemlich ratlos neben einem beängstigend großen Tier, das auch nicht sehr fröhlich wirkt, und warten darauf, dass Ihnen jemand sagt, was Sie tun sollen.

Zeit für einen kleinen Zwischenruf

Erinnern Sie sich noch an den Sportunterricht in der Schule? Insbesondere an die grausame Sitte der Sportlehrer, zwei Schüler auszuwählen, die dann wiederum aus dem Kreise ihrer Klassenkameraden zwei Mannschaften bilden sollten? Da saß dann die ganze Klasse auf diesen niedrigen Holzbänken, und man wartete ab, bis man von einem der beiden Teamchefs aufgerufen wurde. Und irgendwann waren dann alle aufgerufen bis auf einen. Der blieb dann auf der Bank sitzen, weil keiner ihn haben wollte. Weil er dick war oder ungelenk oder einfach aus irgendwelchen seichten Gründen unbeliebt.

Schleicht sich da nicht gerade dieses Sitzenbleiber-Gefühl irgendwo in die unteren Regionen Ihrer Magengegend? Mit dem Unterschied, dass Sie heute auch noch Geld dafür bezahlen.

Wie bitte, ich erzähle Unsinn? Na, jetzt gehen Sie aber richtig aus sich heraus! Sie sind früher nie auf der Bank sitzengeblieben? Aha. Und wollen einen solchen Sitzenbleiber auch heute nicht als Ratgeber? So so. Es macht

Ihnen im Übrigen auch nichts aus, sich mal von kleinen Mädchen belehren zu lassen? Da stehen Sie drüber?

Ist ja schon gut! Sie werden schon sehen, was Sie davon haben! Wir sprechen uns später wieder …

Um Punkt sieben setzten sich die anderen Schulreiter samt Pferden wie auf ein geheimes Kommando hin in Bewegung. Sie schließen sich der Karawane erleichtert an und im Gänsemarsch geht es dann in die Reithalle, wo Sie sich wie alle anderen mit dem Fritz auf der Mittellinie aufstellen.

Ihre Mitreiter – fünf an der Zahl – fummeln schon wieder am Sattelzeug herum (»Nachgurten«, gurrt die Reitlehre-Stimme in Ihrem Kopf) und schwingen sich dann mit unterschiedlicher Eleganz auf die Rücken ihrer Reittiere, die daraufhin auch alle ungefragt losmarschieren.

Der Fritz hat jetzt auch keine Lust mehr, auf der Mittellinie rumzustehen und macht Anstalten, den anderen zu folgen, ob Sie nun im Sattel sitzen oder – was leider der Fall ist – eben nicht.

Natürlich können Sie es nicht zulassen, dass Ihr Pferd Sie so unwürdig durch die Gegend zerrt, weswegen Sie kühn nach dem Steigbügel greifen, um behände in den Sattel zu springen …

… nun zumindest in Ihrer Phantasie sind Sie kühn und behände. In der Realität müssen Sie leider feststellen, dass der Steigbügelriemen viel zu kurz ist, vermutlich ist er in der nachmittäglichen Kinderreitstunde auf die Beinlänge eines Zehnjährigen eingestellt worden.

Aber Sie wollen ja schließlich Sport treiben, reißen mit möglichst viel Schwung Ihr Bein in die Höhe, finden auch tatsächlich Halt im Steigbügel – und während Sie auf einem Bein hüpfend versuchen, mit dem Fritz Schritt zu halten, rutscht Ihnen nun ganz langsam aber sicher der Sattel entgegen. (»Bügelriemen einstellen«, »Nachgurten«, trällert gehässig die Reitlehre-Stimme in Ihrem Kopf.)

Diesen Moment wählt der Reitlehrer, um in der Reithalle zu erscheinen. Souverän erfasst er die Situation sofort und in Bruchteilen von Sekunden hat er den Fritz gestoppt, Sie aus dem Steigbügel befreit, den Sattel erst ab- und dann wieder richtig aufgeschnallt und schaut Sie nun vorwurfsvoll an. »Sie hätten vor dem Aufsteigen nachgurten sollen«, sagt er kritisch. Und nach einer kurzen Denkpause: »Die Steigbügelriemen sind auch viel zu kurz.«

Die anderen Reiterinnen beobachten die Szene mit unverhohlenem Interesse.

Sollte es Ihnen bislang tatsächlich nicht bekannt gewesen sein, wie man sich als Klassentrottel fühlt, jetzt wissen Sie es.

Sie wollen natürlich beweisen, dass Sie so eine kleine Peinlichkeit mit Humor nehmen können. Während der Reitlehrer mittels Ausbindezügeln dem Fritz den Kopf auf eine genehme Höhe runterzurrt, steigern Sie sich in ein ziemlich dämliches, gackerndes Lachen hinein. »Beim nächsten Mal passiert mir das nicht mehr«, sagen Sie in einer Gackerpause zu Ihrem Reitlehrer, der gerade ziemlich desinteressiert auf der anderen Seite des Fritz verschwunden ist. »Sie können jetzt aufsitzen, ich halte gegen«, sagt er.

Unter Aufbietung aller Willenskräfte, schaffen Sie es, das Gegacker einzustellen und sich tatsächlich aufs Pferd zu schwingen, das dankenswerterweise immer noch vom Reitlehrer festgehalten wird.

Geschafft! Die erste Abteilungsreitstunde Ihres Lebens und Sie sitzen tatsächlich auf dem Pferd. Irgendwie kommt es Ihnen so vor, als läge das Schlimmste schon hinter und nicht erst noch vor Ihnen. Deswegen breitet sich vermutlich auch dieses dümmliche Grinsen auf Ihrem Gesicht aus (im normalen Leben würden Sie sich lieber selber ohrfeigen als so ein Gesicht zu machen) mit dem Sie nun auf den Reitlehrer hinabblicken. Der dreht sich um. »10 Minuten Schritt, linke Hand«, dröhnt er und verlässt die Halle vorerst wieder.

Jetzt übernimmt erst mal der Fritz das Kommando. Er sucht und findet Anschluss an die Gruppe der übrigen Schulpferde, die gemächlich hintereinander hertrotten. Halbherzig versuchen Sie, ihn durch Ziehen am Zügel mal ein bisschen zu lenken, aber das führt auch nicht zur kleinsten Richtungsänderung.

Auch gut, dafür haben Sie jetzt ein wenig Zeit, Ihre Umgebung einmal genauer zu betrachten. Durch die spinnwebenverhangenen Oberlichter der Reithalle dringt nicht mehr allzu viel Licht hinein, weswegen die künstliche Beleuchtung fast den ganzen Tag über angeschaltet bleibt. Ein trübes Licht ist es, das dem Publikum auf der Tribüne ein kränkliches Aussehen gibt. Fünf Zuschauer sind es, die sich eingefunden haben, um der Reitstunde beizuwohnen. Fünf männliche Zuschauer, vermutlich die Ehemänner und Freunde Ihrer Mitreiterinnen. Plötzlich sind Sie froh, dass niemand da ist, um Ihnen zuzusehen.

Stoisch ziehen die Schulpferde Ihre Runden. Nur zwei unter ihnen warten offensichtlich gespannt darauf, dass sich auf der Tribüne jemand auffällig bewegt oder ein lautes Geräusch verursacht (Naseputzen, zum Beispiel). Dann werden sie auf einmal lebendig und machen einen kleinen Bocksprung oder einen Hopser in die Mitte der Reithalle. Es ist, als wollten sie beweisen, dass sie noch lebendig sind und nicht etwa hölzerne Karussellpferdchen.

Sie sind froh, dass der Fritz so was nicht macht.

Dann kehrt der Reitlehrer zurück und die Reitstunde kann beginnen. »Abteilung! Antraben – leichttraben!«

kommandiert er und die ganze Truppe setzt sich in etwas schnellere Bewegung. Auf und ab, eins – zwei, eins- zwei ... Leichttraben haben Sie an der Longe geübt, das fällt Ihnen nicht sonderlich schwer. Als der Reitlehrer anfängt, Ihnen unbekannte Hufschlagfiguren anzuordnen, überlassen Sie es dem Fritz, den anderen zu folgen. Sie nehmen sich vor, sich zu Hause in Ihrer Reitlehre die einzelnen Hufschlagfiguren anzugucken und einzuprägen. Als Hausaufgabe sozusagen.

Dann wird es wieder spannender. Einzelgalopp wird angeordnet. Der Anfangsreiter soll angaloppieren, während der Rest der Abteilung im Schritt bleibt, und sich dann hinten wieder an die Gruppe anschließen. Aufregend finden Sie das, denn schließlich ist der Galopp ja die schnellste Gangart – und dann auch noch ganz alleine eine Runde reiten, ohne einen Vordermann! Hui!

Prompt gibt es auch bei den ersten beiden Reiterinnen Probleme.

Als die erste angaloppieren will, fängt ihr Pferd stattdessen an, auf der Stelle herumzuspringen und nach hinten auszukeilen. Schließlich rast es dann aber doch los, ist hinter der Gruppe aber nicht zu stoppen und saust nochmal an den anderen vorbei. Das ist dann auch der Moment, in dem der Reitlehrer lebendig wird.

»Mönsch, Petra! Wie oft soll ich dir das denn noch sagen? Die Freya musst du mit Kreuz und Schenkeln reiten! Mit Kreuz und Schenkeln!!! Auf den Zirkel abwenden, jetzt! Sofort auf den Zirkel!!!«

Irgendwann bewegt sich die Reiterin mit ihrem rasenden Pferd auch tatsächlich auf einer Kreisbahn. Dadurch fühlt sich das Pferd der zweiten Reiterin nun offenbar motiviert, auch anzugaloppieren, um Petra und Freya zu folgen.

Der Reitlehrer schreit: »Antje, verdammt nochmal, was soll das denn? Lass den Max doch nicht wieder rumspinnen!«

Sie merken, wie Sie plötzlich immer kleiner werden. Gott sei Dank ist der Fritz von diesem Aufruhr völlig unbeeindruckt! Sie fragen sich, was Petra und Antje wohl im normalen Leben machen und ob sie nicht gleich zum Betriebsrat rennen würden, wenn ihr Chef sie so anschreien würde, wie der Reitlehrer es gerade tut.

»Das ist doch Scheiße, Petra! Das ist die totale Scheiße, was du da gerade machst!«

Irgendwann gelingt es Antje und Petra – keuchend und mit roten Gesichtern – ihre Pferde durchzuparieren und sich hinter der Abteilung einzuordnen.

Bei den nächsten drei Reiterinnen scheint alles zu klappen, denn es geht beängstigend schnell, und dann sind Sie an der Spitze der Gruppe. Mittlerweile sind Sie aber starr vor Schreck und nicht in der Lage, irgendetwas zu tun.

»So, jetzt ist der Fritz dran«, sagt der Reitlehrer überflüssigerweise. (Ihren Namen hat er sich wohl offensichtlich nicht gemerkt.) Dann zwinkert er Ihnen aber freundlich zu und sagt aufmunternd: »Keine Angst! Der Fritz macht das alles von alleine.«

Recht hat er. Als der Fritz nämlich merkt, dass er keinen Kollegen mehr vor der Nase hat, verfällt er in einen gemütlichen Schaukelgalopp, und als er das Ende der Abteilung erreicht hat, fällt er wieder in den Schritt zurück.

Ihnen wird auf einmal warm ums Herz. Sie haben den Fritz richtig lieb!

Aua! Das ist nicht Ihr Ernst, oder? Wieso haben Sie denn plötzlich so einen beseelten Gesichtsausdruck? Um mit den unnachahmlichen Worten Ihres Reitlehrers zu sprechen: Das ist doch die totale Scheiße, was Sie da gerade machen!

Hallo! Hören Sie mir überhaupt zu? Was unterhalten Sie sich denn da überhaupt mit dieser Antje? Was sagen Sie da gerade? »Toll, wie du das durchgestanden hast! Ich wäre vor Angst gestorben.« Vor Scham sollten Sie sterben, dass Sie bei so einem Unsinn mitmachen!

Aber was rede ich … Jetzt haben Sie es einmal getan und Sie werden es wieder tun. Immer wieder. Sie werden nicht aufhören können, bis es zu spät ist.

Ein ganz normaler Ablauf.

Die letzten zehn Minuten der Reitstunde, überlässt der Reitlehrer seine Schüler wieder sich selbst, was von einigen dazu genutzt wird, nebeneinander herzureiten und die aufregenden Details der Stunde noch einmal verbal Revue passieren zu lassen.

Zum guten Schluss taucht der Meister dann wieder auf, lässt die Abteilung auf der Mittellinie aufmarschieren, und Sie dürfen absitzen.

Sie sehen mir eindeutig zu glücklich aus!

Gewinnen Sie jetzt bitte nicht den Eindruck, dass ich Ihnen aus purer Gehässigkeit den Spaß verderben will!

Ich glaube aber, dass eine armselige Sache einfach eine armselige Sache bleibt, auch wenn man ihr hochtrabende Namen wie »Reiterei«, »Reitkunst«, »Horsemanship« oder gar »Dominanztraining« gibt.

Diese Dinge mag es zwar in ihrer ursprünglichen Bedeutung tatsächlich irgendwo geben, aber was Sie da in Ihrer Reitschule erleben, passt in etwa genauso gut dazu wie Ihr rechter Schuh an Ihren linken Fuß.

Ich weiß allerdings auch, dass Sie jetzt noch nicht so weit sind, um das zu verstehen.

Sie werden es erst verstehen, wenn Ihnen Ihr Fuß derartig weh tut, dass Sie nirgendwo mehr hingehen wollen …

Aber noch hat Ihnen ja Ihre Reitschule auch einiges zu bieten! Zum Beispiel:

EINZELREITSTUNDEN
= Stilmittel, um zu beweisen, dass Sie es wirklich ernst mit der Reiterei meinen; teure Angelegenheit, die vom Reitlehrer pro forma bei den ersten zwei Gelegenheiten mit gesteigerter Aufmerksamkeit honoriert wird, danach sind Handy und Tribünengäste wieder interessanter; evtl. auch letzter verzweifelter Versuch, »es wissen zu wollen«

Fazit: meistens ergebnislos, da äußere Begleitumstände sich nicht ändern (derselbe Reitlehrer, dieselben Schulpferde …) Oder aber:

AUSREITEN
= organisierter Ausflug mehrerer panischer Schulpferde nebst verschreckten Schulreitern, angeführt von einem gehässigen Reitlehrer; findet – wenn überhaupt – im Sommerhalbjahr statt; vor allem die ersten Ausritte des Jahres ähneln einer kopflosen Flucht verängstigter Dunkelhäftlinge, die sich in den Knast zurücksehnen.

Weitere Merkmale: frische Luft, kennen lernen einer Welt außerhalb der Reithalle, wer nicht mitmacht, ist ein Feigling

Solange Sie solche hehren Ziele haben, werden Sie meine Unkenrufe natürlich noch nicht verstehen.

Solange Sie noch den Dr. Müller bewundern, der Privatreiter ist (Wow!) und sogar auf Turniere geht (Boah ey!), solange Sie Leute für cool halten, die englische Wachsjacken tragen, einen Jeep fahren und einen Jack-Russell-Terrier besitzen, sind Sie einfach nicht bereit für die Wahrheit.

Lesen Sie ruhig noch ein bisschen in Ihrer Reitlehre, verdienen Sie sich in Ihrer Phantasie die Sporen gemeinsam mit Horst Stern und kaufen Sie heimlich das Buch »Reiten ohne Angst« von Ursula Bruns.

(Verstecken Sie das Bruns-Buch in Ihrer Nachttischschublade und sagen Sie ja Ihrem Reitlehrer nichts davon! Wärmen Sie einfach Ihr Herz an dem Gedanken, dass andere mit Ihnen leiden!)

Ich kann warten!

3. DER REITLEHRER

ZWISCHEN GESCHREI UND SCHAMANISMUS

Der »alte« Reitlehrer

Erwarten Sie jetzt vielleicht, dass ich Sie mit den gängigen Klischees über den Berufsstand des Reitlehrers bediene? So nach dem Motto: Reitlehrer schreien viel, saufen nicht minder und treibens ganz gerne mit ihren Schülerinnen?

Tja, das alles ist natürlich wahr, aber es ist nicht die ganze Wahrheit.

Die Wahrheit ist: Reitlehrer sind arme Schweine.

Oder wollen Sie etwa tagein, tagaus in einer im Winter eiskalten, im Sommer brütend heißen Reithalle herumstehen, sich die Seele aus dem Leib schreien und in Gestalt immer neuer Schüler die immer gleich bleibenden Reiterfehler beobachten?

Dabei hat der Reitlehrer – im Gegensatz zum normalen Lehrer – nicht einmal die Gelegenheit, die besonders Dummen sitzen bleiben zu lassen und die besonders Penetranten der Schule zu verweisen. Schließlich muss er ja auch Umsatz machen, sonst kriegt er Ärger mit dem Vereinsvorstand.

Nicht selten strandet so ein Reitlehrer auch im Schulbetrieb, weil es mit der glorreichen Turnierreiterkarriere nicht klappen wollte. Und wie können Sie erwarten, dass ein verkappter Olympiareiter Vergnügen daran empfindet, den Bodensatz der Reitszene zu betreuen. Ist es da nicht ganz natürlich, dass er sich lieber in den Suff flüchtet und bei mancher unbegabten Reitschülerin lieber andere Qualitäten entdeckt, anstatt ihr das korrekte Schulterherein beizubringen?

Und dann die Pferde! Wie kann irgendjemand erwarten, dass man mit solchen verrittenen Böcken einen vernünftigen Unterricht machen kann?

Ich weiß, was Sie jetzt einwenden wollen. Wieso versucht dieser Reitlehrer denn nicht, anstatt nur zu jammern, die Situation zu verbessern? Es muss doch auch begabte Reiter geben, die zu fördern es Spaß machen würde! Und wenn die Pferde so verritten sind, warum reitet er – der Crack – sie nicht regelmäßig Korrektur?

Keine schlechten Ansätze, nur leider die falsche Zielgruppe. »Alte« Reitlehrer sind gedanklich nicht so beweglich. Innovation ist schließlich ein Fremdwort.

Wohlgemerkt »alt« ist hier nicht gleich bedeutend mit hohem Lebensalter. Auch das 17-jährige Lehrmädchen, das den Anfängerunterricht gelangweilt und motivationslos abwickelt ist in diesem Sinne ein »alter« Reitlehrer.

Oh weh, miserere! Neue Reitlehrer braucht das Land, wollen Sie jetzt rufen? Um Himmels Willen, seien Sie vorsichtig mit Ihren Wünschen, sie könnten erfüllt werden!

Sie werden nämlich eine wehmütige, nostalgische Liebe für die »alten« Reitlehrer entdecken, wenn Sie erst einmal das wahre Grauen kennen gelernt haben: die »neuen Reitlehrer«!

Gurus und Therapeuten

Von den »neuen« Reitlehrern werden Sie auch nicht schneller oder besser reiten lernen als von den »alten«. Dafür können Sie aus einem breiten Spektrum an Angeboten auswählen, die von harmlosen Haltungsübungen bis hin zu weltabgewandtem Schamanismus variieren.

In die Lehren der »neuen« Reitlehrer werden Sie nicht in einer herkömmlichen Reitschule eingeweiht. Das wäre ja auch zu einfach. Sie müssen Ihrem Propheten schon hinterher reisen, um eines seiner Seminare zu besuchen.

Für Sie als Schulreiter fällt dann der praktische Teil allerdings flach, da so ein spiritueller Reit-Schamane natürlich keinen profanen Schulbetrieb führt und Ihnen ergo auch kein Lehrpferd zur Verfügung stellen kann. Das soll Sie aber nicht daran hindern, einem solchen Guru zu verfallen. Der will nämlich sowieso nicht unbedingt sehen, wie Sie reiten. Sie sollen ihm lediglich bei der Zurschaustellung seines mystischen Könnens zusehen, um dann mit einem motivierten »Tschakaa ... du schaffst es!« in Ihren heimatlichen Stall zurückzukehren und dort genauso schlecht zu reiten wie bisher.

Sollten Sie bisher gelegentlich darüber gejammert haben, dass Ihnen Ihr »alter« Reitlehrer für eine halbe Einzelstunde 20 Euro berechnet, so werden Sie jetzt sicher mit Freude 100 Euro dafür ausgeben, dass Sie in hinterster Reihe stehend mit 400 anderen Idioten beobachten können, wie ein kleiner Mann in einem Roundpen steht und ein Pferd herumscheucht, bis es keine Lust mehr auf das Gescheuchtwerden hat und freiwillig aufgibt. Oh, my god, it's horsemanship!

Besonders bemerkenswert sind auch die gedruckten Werke der »neuen« Reitlehrer, die ihnen noch ein nettes Zubrot einbringen. Wenn Sie beim Durchstöbern moderner Reitliteratur schon im Untertitel mancher Werke auf Formulierungen wie »Erfülltheit leben, Erfüllung schenken« stoßen, haben Sie da nicht auch den Eindruck, dass hier irgendwas nicht stimmt? Ist das noch normal?

Und wenn Ihnen ein Text-Bildband angeboten wird, der Ihnen allen Ernstes eine Anleitung zu »indianischem Pferdetraining« geben will (für 34 Euro), können Sie da noch drüber lachen?

Nun ja, aber wenn Sie sich auf der Therapeutencouch genauso wohl fühlen wie auf dem Pferderücken (nämlich gar nicht), können Sie mit Hilfe der »neuen« Reitlehrer wenigstens ausgiebig (man beachte die Doppeldeutigkeit) an Ihrem Ch'i arbeiten. So lange, bis Sie merken, dass Sie einfach nur komplett verarscht werden.

4. DIE SCHULPFERDE

EIN BLICK IN DEN ZELLENTRAKT

Sie, mein lieber Leser, sind auf dem besten Wege, Nichtreiter zu werden. (Dieses Vertrauen habe ich einfach in Sie!)

Aber ist Ihnen eigentlich auch klar, dass Sie dieser Weg über Leichen führt?

In einem durchschnittlichen Schulbetrieb – und in einem solchen sind Sie ja gelandet – werden Sie jedes Jahr das Ausscheiden von mindestens zwei Schulpferden aus dem aktiven Dienst miterleben.

Ihre ehemaligen Sportkameraden haben genug gearbeitet. Sie dürfen nun ausruhen auf den grünen Weiten der ewigen Koppel ...

Oder im Klartext: Die armen Kreaturen wurden zu Tode geschunden, bis sie beim besten Willen nicht mehr im Unterricht mitlaufen konnten und landen dann beim Metzger. Oder werden vielleicht von einem mildtätigen Reitschüler gekauft, damit sie dann den Rest ihres erbärmlichen Lebens auf den Matschkoppeln eines obskuren Gnadenhofes verbringen können – was manchmal gleich bedeutend damit ist, dass sie noch ein paar Jahre in einem unterdurchschnittlichen Schulbetrieb mitlaufen.

Das sind dann wohlgemerkt keine alten Pferde! Diese Pferde sind einfach fertig, kaputt, verbraucht, verschlissen.

Wie lebt denn so ein Schulpferd eigentlich?

In den meisten Reitställen mit Schulbetrieb herrscht eine strikte Zwei-Klassengesellschaft. Da gibt es dann Außenboxen, Paddocks und Koppelgang für die Privatpferde und dunkle Innenboxen ohne Auslauf für die Schulpferde.

Ja, ja, jetzt heulen Sie auf: *Es gibt auch gute Ställe!* Sicher mag es die geben, nur leider entspricht die Mehrzahl der Betriebe noch dem oben beschriebenen Modell. Ach, das wollten Sie gar nicht sagen? Sie wollten anmerken, dass in Ihrem Reitstall auch die Privatpferde keinen nennenswerten Auslauf bekommen? Na dann ...

Der Alltag so eines Schulpferdes ist an Trostlosigkeit kaum zu überbieten. Für die Dauer von zwei bis drei Reitstunden darf so ein Sportkamerad seine dunkle Höhle verlassen, um in der muffigen Reithalle seine Runden zu drehen.

Und wissen Sie, was mit einem Pferdegemüt passiert, nachdem es diese Tretmühle eine Zeit lang mitgemacht hat? Es scheint dieses Leben tatsächlich zu wollen! Das Öffnen der Boxentüre wird schon als Störung empfunden. (»Der will lieber in seinem gemütlichen Bettchen bleiben!«) und jeder Weg, der nicht in die Reithalle führt, ist grundsätzlich beängstigend. (»Auf der Koppel würde der sich ja zu Tode fürchten!«) Seinen Kollegen gegenüber kennt der Knastbruder nur Zähneknirschen und Aggression. (»Die könnte man ja gar nicht zusammen rausstellen, die würden sich nur kloppen!«)

Pferde sind Geschöpfe aus Wind und Weite. Die freie Steppe ist ihre Welt. Sie begreifen nicht, was ihnen vielerorts angetan wird. Und ihr freier Geist verkümmert.

Das Paradoxe an dieser unhaltbaren Situation ist: Diese unseligen Schulpferde werden geliebt.

Jeder Reiter, der zwei Abende in der Woche in einem Schulbetrieb verbringt, wird sich gedanklich um ein Vielfaches dieser Zeit mit den Schulpferden beschäftigen. Er kennt alle ihre Namen und hat natürlich seine Lieblinge, denen er häufig Obst und Leckerlis mitbringt. Und wenn er an sein Lieblingspferd denkt, wird ihm ganz warm ums Herz.

Und so sind es dann diese intelligenten, wohlmeinenden Menschen, die versonnen schlecht passende Sättel auf wund gescheuerte Rücken schnallen, die tränende Augen und geschwollene Beine ignorieren und ein kreuzlahmes Pferd fröhlich zum Galopp anspornen.

Wieso ist das so?

Unwissenheit kann nur in seltenen Fällen als Ausrede dienen, denn viele Leiden sind augenfällilg und die meisten Missstände sollte der gesunde Menschenverstand erkennen.

Ignoranz scheint wahrscheinlicher, ein mehr oder weniger bewusstes Verschließen der Augen und des Herzens vor dem Offensichtlichen.

Es sind also wohl nicht nur die Pferde, deren Gemüter krank sind.

Das Kapitel »Schulpferde« ist ein trauriges Kapitel.

Nehmen Sie es sich zu Herzen!

5. REITKURSE IM URLAUB

SM-Camp gefällig?

Nehmen wir einmal an, dass seit Ihrer ersten Abteilungsreitstunde nunmehr ein Jahr vergangen ist. Sie sind immer brav zwei mal in der Woche zum Unterricht gegangen und haben somit ungefähr 100 Reitstunden auf Ihrem Stundenkonto.

Zu den blutigen Anfängern gehören Sie mittlerweile nicht mehr. Sie sind es jetzt, der Neulingen beim Satteln hilft und in der Abteilung auch schon mal die Tete übernimmt.

Sie trauen sich aber auch noch nicht so recht, sich zu den Fortgeschrittenen zu zählen. Dafür kennen Sie Ihre eigenen Unsicherheiten zu gut. Außerdem haben Sie von älteren Reitern auch schon den weisen Spruch gehört, dass ein Menschenleben nicht ausreicht, um das Reiten zu erlernen. Das erscheint Ihnen plausibel, besonders wenn Sie einmal einen kritischen Blick auf die Reiter in der so genannten Fortgeschrittenenstunde werfen – oder auf sich selbst im Reithallenspiegel. Wahrhaft vollendet sieht das alles nicht aus.

Jetzt stehen Sie an einem Scheideweg.

Sie können natürlich auch weiterhin regelmäßig in die Reitschule gehen, weder zu den Schlechtesten noch zu den Besten gehörend, nach der Stunde der Geselligkeit mit den anderen Schulreitern frönen und sich ansonsten nicht allzu viele Gedanken über die ganze Sache machen. Sie wären damit zum Gewohnheitsreiter geworden.

Der Schritt vom Gewohnheitsreiter zum Nichtreiter ist nicht groß und vollzieht sich sanft und fast unmerklich. Sie stellen eines Tages einfach fest, dass Sie keine Lust mehr haben. Der Reiterei ergeht es wie einem Pullover, den Sie jahrelang häufig getragen haben, dann aber plötzlich nicht mehr sehen mögen und in die Altkleidersammlung geben. Sie rufen Ihren Reitlehrer an und sagen die nächste Stunde ab, ohne eine neue auszumachen. Und dann gehen Sie einfach nicht mehr hin. Ein paar Monate bleiben Sie noch pro forma Mitglied im Verein, bevor Sie schließlich schriftlich kündigen.

Das ist ganz leicht und tut nicht weh!

Doch so wie ich Sie, lieber Leser, einschätze, wollen und können Sie es sich nicht einfach machen.

Sie wollen alles genau wissen, und Sie wollen über den eigenen Tellerrand hinaussehen. Außerdem gehören Sie auch nicht zu den ganz Unkritischen und wissen schon, dass in Ihrem Stall nicht alles sooo toll ist. Aber was sollen Sie machen, schließlich haben Sie auch schon vor längerem herausgefunden, dass Ihr Schulbetrieb in der Gegend zu den besten zählt.

Es bleibt Ihnen also nichts anderes übrig, als Ihr Heil in der Flucht nach vorn zu suchen. Sie entschließen sich Ihren wertvollen Jahresurlaub für das höchste Glück der Erde zu verwenden. Ein Reiterurlaub soll es sein, aber bitteschön auch einer, in dem man dazulernen kann. Ein anderer

Reitlehrer, andere Schulpferde und jede Menge Gleichgesinnter – das muss Ihrer Reiterkarriere doch neue Impulse geben!

(Merken Sie was? Mit einer Longenstunde am Wochenende fing es an, dann opferten Sie der Reiterei regelmäßig zwei Abende in der Woche – und jetzt auch noch Ihr Urlaub! Wo soll das enden???)

Landesreitschulen – Back to basic

Die besonders Hartgesottenen – zu denen vermutlich auch Sie zählen – werden die Erleuchtung auf einer Landesreitschule suchen. Das sind staatliche Organisationen, in denen die altbewährte deutsche Reittradition gepflegt und bewahrt wird.

Die Angestellten eines solchen Traditionsinstituts laufen häufig noch in Uniformen herum und zeichnen sich durch eine gewisse Beamtenmentalität aus. (»Wenn mir's net ham, dann gibt's des net, und wenn's Ihnen net passt, dann können's geh'n.«)

In den schuleigenen Wohnheimen dürfte es Ihnen gefallen, wenn es Ihnen auch nichts ausmachen würde, wochenlang ohne Privatleben mit einer Horde Fremder in einem unkomfortablen Container zu wohnen.

Mit anderen Worten: Die Unterbringung ist sehr einfach. Die Gruppenschlafräume sind mit Stockbetten im Jugendherbergsstil möbliert, Dusche und WC sind auf dem Gang, und zum gemütlichen Beisammensein gibt es ein Zimmer, das dem Aufenthaltsraum eines Jugendgefängnisses gleicht.

Dafür ist so ein Kurs auf einer Landesreitschule im Vergleich zu kommerziellen Reitbetrieben aber auch spottbillig. Und wenn man Ihnen zwei Reitstunden am Tag auf deutschen Spitzenvererbern bietet, da kann man doch beim Komfort auch mal ein bisschen zurück stecken! Daran sollten Sie denken, wenn Sie Ihren neuen Samsonite-Koffer auf die muffige Matratze Ihres Stockbettes werfen und misstrauisch Ihre Zimmergenossen beäugen, die allesamt aussehen als hätten sie Verdauungsprobleme …

Der größte Vorteil einer Landesreitschule ist, dass Sie dort ehrlich behandelt werden. Wenn das Personal dort Sie für eine taube Nuss hält, dann sagt man Ihnen das auch – meistens mehrmals täglich. Hier hat es keiner nötig, Ihnen nach dem Mund zu reden. Und damit Sie auch ja nicht auf den Gedanken kommen, tatsächlich Urlaub zu haben, müssen Sie auch bei den täglichen Arbeiten kräftig mit anfassen.

Ihr Tagesablauf auf einer Landesreitschule könnte in etwa so aussehen:

6.00 Uhr: Aufstehen, in die Stallklamotten springen und zum Stall gehen.
6.30 – 7.30 Uhr: Stalldienst (Füttern und Ausmisten)
7.30 – 8.30 Uhr: Frühstück im Wohnheim.
8.30 – 9.00 Uhr: Pferd putzen und satteln
9.00 – 10.00 Uhr: Erste Reitstunde (Dressur)
10.00 – 12.00 Uhr: Sattelzeug putzen, anderen beim Reiten zugucken, rumlungern
12.00 – 13. 00 Uhr: Mittagspause
13.00 – 13.30 Uhr: Mittagsstalldienst (Abäppeln)
13.30 – 14.00 Uhr: Pferd putzen und satteln
14.00 – 15. 00 Uhr: Zweite Reitstunde (Springen)
15.00 – 16.00 Uhr: Sattelzeug putzen etc.
16.00 – 17.00 Uhr: Theoriestunde
17.00 Uhr: Feierabend
20.00 – 00.00 Uhr: Schnapssaufen bis zum Abwinken

Puh, erscheint Ihnen da nicht Ihr Büroalltag wie Urlaub?

Ich sagte ja, das ist was für Hartgesottene, aber wie ich Sie kenne, lassen Sie sich auch davon nicht abschrecken.

Wichtiger als die Frage, ob so ein bisschen körperliche Arbeit Sie umhaut, ist der Effekt, den dieser »Urlaub« auf Ihre Reiterei und vor allem auch auf Ihre Einstellung dazu hat.

Und wie dieser Effekt ausfällt, hängt wiederum ganz entscheidend damit zusammen, wie Sie damit klar kommen, wenn Sie wie ein Volltrottel behandelt werden. Denn die erste Lektion, die Sie lernen werden, ist:

Sie machen alles falsch.

Sie misten falsch, Sie satteln falsch, Sie kehren falsch und natürlich reiten Sie auch falsch. Noch der kleinste Lehrling wird es sich nicht nehmen lassen, Ihnen das ständig zu sagen.

Davon können Sie sich nun entmutigen lassen. (Endlich Nichtreiter?)

Das werden Sie aber nicht tun. Sie beißen die Zähne zusammen, machen halbwegs gute Miene und halten durch.

Warum halten Sie durch? Stehen Sie etwa auf Sado-Maso-Spielchen? Lassen Sie sich gerne beleidigen? Hatten Sie sich so Ihren Urlaub vorgestellt?

Tja, Sie haben sich da wohl eine ganz eigene Theorie zurechtgelegt. Sie vergleichen das Reiten mit der Medizin: Wenn‘s nicht weh tut oder wenigstens schlecht schmeckt, dann taugt‘s nichts.

Eine fatale Einstellung, die Sie nicht sehr glücklich machen dürfte!

Und irgendwann – dem Himmel sei Dank – ist auch dieser Urlaub dann vorbei. Rückblickend war es schließlich auch richtig schön.

Nun ja, mit den Schulpferden sind Sie jetzt nicht so besonders gut zurechtgekommen. Mit der Ausnahme, dass Sie tatsächlich von einem Pferd über einen Springparcours getragen wurden, obwohl Sie vorher noch nie gesprungen sind. (Sie mussten einfach nur draufsitzen! Toll!)

Der Reitlehrer hat Ihnen nicht viel Lehrreiches vermittelt – außer der Bemerkung, dass sie falsch sitzen und das Sie das zum Kuckuck endlich mal richtig machen sollen.

Aber Sie haben ordentlich gearbeitet, jawoll! Sie können jetzt hervorragend misten und kehren!

Und dann dieses Stallpersonal! Zuerst waren Sie ja total zugeknöpft. Aber wie die nach drei Schnäpsen aufgetaut sind! Richtig Stimmung gab's dann!

Wenn Sie nun in Ihren heimatlichen Stall zurückkehren, haben Sie eine Menge zu erzählen. Ihr alter Reitlehrer ist mächtig stolz auf Sie, weil Sie so engagiert sind, dass Sie sogar Ihren Urlaub der Reiterei opfern, und teilt Ihnen zukünftig die besseren Schulpferde zu. (Nur kurzfristig allerdings, bis er merkt, dass Sie noch genauso reiten wie vorher.)

Sie überlegen, ob Sie nächstes Jahr wieder einen Reiterurlaub machen. Sie sind auf Ihrem Weg zum Nichtreiter keinen Schritt weitergekommen …

Kommerzieller Reiterurlaub

Wenn Sie den Anzeigenteil einer Ihrer Reiterzeitschriften aufschlagen, finden Sie eine ganze Masse von Reiterhöfen, die Ihnen schöne Urlaubserlebnisse und unvergessliche Reiterfreuden versprechen.

Und wenn Sie wirklich Glück haben, dann suchen Sie

sich aus diesem unüberschaubaren Angebot zufällig einen guten Betrieb heraus. Einen Reiterhof in reizvoller landschaftlicher Lage mit schönen Zimmern, gutem Essen und nettem Personal, ausgestattet mit einem vorbildlichen Schulbetrieb mit ausgeglichenen Pferden, die artgerecht gehalten werden, unter Aufsicht eines engagierten Reitlehrers, der den Gästen mit pädagogischem Geschick viel Neues beibringt.

Bla, bla, bla – und das alles im Land, in dem Milch und Honig fließen …

Aber Spaß beiseite, einige wenige solcher Perlen gibt es tatsächlich. Und ein Aufenthalt dort wird Sie dem Nichtreiten vermutlich näher bringen als alles andere. Denn nach so einem Traumurlaub wird es Ihnen so gut wie unmöglich sein, in die muffige Öde Ihres heimischen Tattersalls zurückzukehren.

Zwar werden Sie die Reiterei nicht gleich an den Nagel hängen – schließlich haben Ihre schönen Reiterferien Sie ja auch motiviert – aber Sie werden zum Urlaubsreiter werden. Und ein paar Urlaube lang werden Sie auch tatsächlich noch reiten, bis der Moment kommt, wo Sie aus irgendwelchen Gründen im Sommerurlaub doch lieber nach Fuerteventura fliegen. Und im nächsten Jahr lädt Sie dann ein guter Bekannter auf seine Berghütte in Österreich ein. Und so weiter und so fort, und irgendwann ist die ganze Reiterei in Vergessenheit geraten, Ihre Reitstiefel verstauben friedlich im Keller.

Wäre das nicht wunderschön? Und vor allem so einfach und stressfrei!

Wie bitte? Sie füllen gerade das Anmeldeformular für die Landesreitschule aus?!

Ich sehe schon: Sie wollen es auf die harte Tour!

II. DER SPORTLICHE WETTKAMPF

VORAUSSETZUNGEN FÜR DEN TURNIERSTART

Kategorie C:
Wie Sie wissen, gibt es unterschiedliche Kategorien von Turnieren. Das fängt im breitensportlichen Bereich mit der Kat(egorie). C an. Hierunter fallen alle spielerischen und sonstigen Wettbewerbe sowie die Kl(asse). E(ingangsstufe) der Leistungs-Prüfungs-Ordnung (LPO) in allen Disziplinen. Für die Teilnahme an den Wettbewerben der Kat. C benötigen Sie keinen Reit-/Fahrausweis. Allerdings gibt es in den einzelnen Landesverbänden (LV)/Landeskommissionen (LK) verschiedene Vorschriften, die neben der LPO beachtet werden müssen. [...]

Kategorie C und Klasse A (Kat. B):
Wenn Sie auch schon in Kat.-B-Prüfungen Klasse A(nfangsstufe) starten wollen, brauchen Sie einen sogenannten »Schnupper-Ausweis«. Den gibt es für alle Altersklassen. Damit werden Sie in den jeweiligen Disziplinen in die Leistungsklasse 6 eingestuft: Dressur (D6), Springen (S6), Vielseitigkeit (V6) bzw. Fahren (F6). Eine Kombination ohne Reitausweis (Lkl. 0) in der einen und Lkl. 6 in anderen Disziplinen ist grundsätzlich nicht möglich. Mit diesem Ausweis dürfen Sie in allen Prüfungen der Klasse A (Kat. B) und weiterhin in allen Klasse E-Prüfungen starten. Beim Fahren gilt dies für Fahrwettbewerbe Kat. C und Klasse A. Voraussetzung für den »Schnupper-Ausweis ist, dass Sie mindestens das Kleine Reit-/Fahrabzeichen Klasse IV (frühere Bezeichnung: Jugendreit-/-fahrabzeichen) haben. [...]

Kategorie B und A (Klasse A bis S):
Wenn Sie an Prüfungen der Klasse A bis S(chwer), Kat. B und A, teilnehmen möchten, benötigen Sie einen Reit-/Fahrausweis mit der Einstufung in eine Leistungsklasse (D/S/V/F) 5 bis 1. Die Einstufung erfolgt nach Ihren bisherigen Turniererfolgen (vgl. FN-Merkblatt »Leistungsklassen: Einstufung und Startberechtigung"). Den Ausweis erhalten Sie, wenn Sie mindestens das Bronzene Reit-/Fahrabzeichen – D(eutsches)RA/DFA Klasse III – besitzen (bzw. das Silberne Jugendreit-/-fahrabzeichen. Diese Prüfung wird allerdings seit 1990 nicht mehr abgenommen.) Das gilt auch für die neuen disziplinspezifischen Reitabzeichen DRA III (Dressur) für D5 oder DRA III (Springen) für S5. Sie müssen Ihrem Antrag eine Kopie der Urkunde beilegen.
[...]
Mit Leistungklasse 5 dürfen Sie allerdings nicht mehr in der jeweiligen Disziplin in Wettbewerben der Kat. C starten. [...]
(Quelle: www.fn-dokr.de/service/faq2.htm, Stand: Oktober 2000)

1. Kleine Abzeichenkunde

Wollen Sie ein Deppendiplom?

Sie brauchen ein Reitabzeichen genauso dringend wie ein Loch im Kopf.

Na, Sie sind schließlich ein Schulreiter! Und solche Leute nähern sich einem Turnier bestenfalls als Zuschauer und schlimmstenfalls als Helfer.

Aber vielleicht keimte ja der Gedanke, ein Abzeichen besitzen zu wollen, auch in Ihnen auf, als Sie beim letzten

Vereinsturnier Türdienst hatten. Möglich, dass es just in dem Moment passierte, als sie eilig Frau Dr. Spitzer-Spencker und ihrem Pferd Wotan die Hallentür öffneten. Worauf Frau Doktor, die kurz davor war, von ihrem unkontrolliert herumtänzelnden Pferd zu stürzen, Sie böse ankläffte: »Meine Güte, jetzt beeil dich doch mal! Der Hengst dreht ja gleich durch bei dem Schneckentempo! Scheißladen ist das hier! Faules Personal ...« Und als Sie bei dem Wort »Personal« angekommen war, sprang der Hengst durch das mittlerweile offene Hallentor mit einem Riesensatz direkt ins Dressurviereck, wo das Paar dann die schlechteste L-Dressur des Nachmittags zeigte. Durch Ihre Schuld wohlgemerkt! Sie hatten schließlich durch Ihre Langsamkeit den Unmut des Hengstes erweckt ...

Wahrscheinlich wünschten Sie sich in dieser Situation, beim nächsten Vereinsturnier auch in Frack und Zylinder herumstolzieren zu können, um grundlos grausam zu Zivilisten zu sein, die sogar noch ihr wertvolles Wochenende damit verschwenden, Leuten wie Ihnen die Tür auf und zu zu machen.

Und obwohl der Erwerb des eigenen Dressurkrachers bei Ihnen noch nicht ganz oben auf Ihrer »To do«- Liste steht, so haben Sie jetzt trotzdem den Plan gefasst, dass Sie - zumindest theoretisch – in der Lage sein wollen, auf einem Turnier mitzureiten. Und dazu brauchen Sie ein Reitabzeichen. Denn als abzeichenloser Mensch dürften Sie lediglich an Prüfungen teilnehmen, die Kleinkindern und Vollidioten vorbehalten sind und die im Ansehen der anderen Reiter noch unterhalb der Darbietungen eines Pausenclowns rangieren.

Außerdem erwirbt man sich unter den anderen Schulreitern auch mit einem Schlag mehr Respekt, wenn man einen Abzeichenlehrgang macht und die Prüfung besteht.

Schließlich befindet man sich ja in einer Reit-*Schule*. Und in der Schule werden Leistungen auch mittels Prüfungen und Noten gemessen. Und da Ihr Reitlehrer – um der lieben Umsatzzahlen willen – so gut wie jeden im Unterricht mitreiten lässt, hoffen Sie nun mittels des Reitabzeichens zu beweisen, dass Sie das Klassenziel erreicht haben und nach Höherem streben.

Da Sie aber auch in einer Reitschule nicht das Abitur vor der mittleren Reife machen können, müssen Sie zunächst einmal mit dem so genannten Kleinen Reitabzeichen anfangen. Die Anforderungen in der Dressurprüfung liegen dabei in etwa auf dem Niveau einer nicht sehr ambitionierten Reitstunde. Verlangt werden Schritt und Trab, in einer kleinen Abteilung geritten und ohne kompliziertere Hufschlagfiguren, und von jedem ein Einzelgalopp – das war's.

Klingt nicht schwer, aber vor den Augen von gestrengen Richtern etwas vorzuturnen, ist doch immer anders, als die gleiche Aufgabe vor heimischem Publikum (Ihrem Reitlehrer) fast im Schlaf herunterzuspulen. Trotzdem scheitert an dieser einfachen Dressuraufgabe fast niemand.

Ebenso wenig wird man Sie in der Theorieprüfung durchfallen lassen. Sie müssen sich lediglich ein paar grundlegende Lehrsätze ins Hirn pauken, die routinemäßig von den Richtern abgefragt werden. Sollten Sie bei der Beantwortung der Fragen trotzdem ins Straucheln kommen, wird man Ihnen schon dezent auf die Sprünge helfen.

Schwieriger wird es beim Springen. Das liegt allerdings weniger am Schwierigkeitsgrad des Parcours als vielmehr daran, dass es in den meisten Schulbetrieben keine Anfänger-Springstunden gibt. Sie müssen also das Springen während des Abzeichenlehrgangs erlernen.

Damit wären wir bei der Frage, wo man denn am besten so einen Abzeichenlehrgang macht.

In Ihrem heimatlichen Schulbetrieb wird so etwas mangels geeigneter Springpferde vermutlich nicht angeboten - und falls doch, sind Sie trotzdem besser beraten Ihr Abzeichen anderswo zu machen.

Es gibt Ferien-Reitbetriebe, die sich auf Abzeichenkurse spezialisiert haben. Hier finden Sie Schulpferde vor, welche die Abzeichenprüfungen im wahrsten Sinne des Wortes im Schlaf beherrschen. Sie springen über den immer gleichen Parcours, ohne mit der Wimper zu zucken – egal ob und wie Sie nun draufsitzen. Fairerweise sollten Sie aber doch versuchen, die Profis nicht allzu sehr bei der Arbeit zu stören.

Und die Richter, die in solchen Betrieben die Leistungen der Abzeichenaspiranten bewerten, sind entweder über alle Maßen wohlwollend oder aber so alt, dass ihr Sehvermögen schon ein bisschen nachgelassen hat.

Wie, das ist Ihnen zu billig? Ach, kommen Sie, schließlich hat Frau Dr. Spitzer-Spencker ihr Abzeichen auch in so einer Bude gemacht! Und gerade deswegen wollen Sie lieber eine ehrliche Bewertung einer ehrlichen Leistung? Na gut, dann gehen Sie halt auf eine Landesreitschule ...

In den Landesreitschulen wird man Sie – zumindest noch beim Kleinen Abzeichen – auch nicht gerne durch die Prüfung fallen lassen. Aber zumindest werden Sie hier während des Lehrganges ordentlich zur Schnecke gemacht. Sie haben also vermutlich eher das Gefühl, tatsächlich etwas geleistet zu haben.

Und wenn Sie dann Ihren Abzeichennachweis (der in etwa so aussieht wie ein Impfpass) in der Hand haben und Ihre blecherne Abzeichennadel am neu erworbenen Reitjackett prangt, dann können Sie zu Hause vor den Vereinskameraden prahlen und/oder auch tatsächlich Ihre zukünftige Turnierkarriere planen.

Um auf einem Turnier starten zu können, brauchen Sie natürlich auch noch das passende Pferd, aber so weit sind wir noch nicht – und so weit wird es hoffentlich auch nie mit Ihnen kommen!

2. Auf dem Turnier

Die Krönung aller Leiden

Viele Reiter betrachten die Turniersaison als das Ziel, auf das sie den Rest des Jahres hinarbeiten. Und wenn dann im Frühjahr das erste Turnier kurz bevorsteht, gibt es kein Halten mehr. Neue, blütenweiße Satteldecken werden erworben, und die Heilige Turniertrense wird auf Hochglanz poliert.

In der Stallgasse kann man immer öfter sinistere Menschen beobachten, die mit einem Verziehmesser bewaffnet auf unschuldige Pferdemähnen losgehen.

Und außerdem wird natürlich auch geübt. Dass sich der Turnierreiter Halle und Reitplatz mit den Nicht-Turnierreitern teilen muss, ist dabei recht störend – in erster Linie für den Nicht-Turnierreiter. Denn bei einem Dressurtraining wird nicht vorrangig geritten sondern gestritten. Da gibt es nämlich nicht nur Reiter und Pferd (die sich sowieso nicht einig sind) sondern auch noch den Trainer, bzw. Vorleser, der die Prüfungsaufgabe vorliest. Wobei »lesen« in diesem Falle das falsche und »grölen« das richtige Wort ist. Und natürlich liest der Vorleser dem Reiter entweder zu schnell oder zu leise oder zu laut, und der Reiter reitet dem Vorleser zu schlecht, und beiden erscheint das Pferd zu unwillig oder zu faul oder zu nervös, und das Pferd hätte sowieso am liebsten seine Ruhe.

Im Verlaufe dieser Turnierübungen fließen bei so mancher Reiterin die Tränen, da werden erbost Gerten zu

Boden geworfen, Sporen wütend in Pferdeleiber gerammt und Freundschaften gekündigt.

Alles in allem ist so ein Training symptomatisch für die ungesunde Verbissenheit und Freudlosigkeit, mit der dann später in der Saison die ganze Turnierkarawane von einem Provinznest zum anderen zieht.

Am Vorabend eines Turniers steht das Turnierpferd mit einer albernen Zopffrisur in seiner Box. Eingedeckt – damit er sich nicht schmutzig macht – hat der Stolz seines Besitzers dann noch eine Nacht Gnadenfrist, bevor er am frühen Morgen in einen Transporter verfrachtet und zum Turnierplatz gefahren wird. Dort soll er dann beweisen, dass er sein Geld wert war. Die anderen Reiter sollen ihn bestaunen und seinen Reiter bewundern, der die errungenen Schleifen demonstrativ an den Rückspiegel hängt.

Nicht selten kommt es aber anders, und der Turnierkracher wird nach einer verpatzten Prüfung übellaunig und grob wieder in den Transporter geschubst und unsanft nach Hause geschaukelt. Dort wird dann wieder jeden Tag trainiert, am Freitag wird poliert und frisiert, und am Samstag geht es aufs nächste Turnier.

So ein Pferd ist eigentlich gut beraten, wenn es sich schnell ein chronisches Leiden zuzieht und sportuntauglich wird. Das würde ihm vieles ersparen …

Glauben Sie mir, es ist wirklich nicht schlimm, wenn Sie etwas länger brauchen, um Nicht-Reiter zu werden! Aber ich hoffe für Sie, dass Sie nie die letzte Grenze überschreiten und in den Abgrund der Turnierreiterei stürzen. Ich glaube nicht, dass ich Ihnen dann noch helfen könnte.

Spazieren wir doch einfach mal über einen durchschnittlichen Provinz-Turnierplatz! Wenn Sie danach noch ernsthaft Lust haben, bei so einer Veranstaltung mitzumachen, will ich Ihnen gar nicht mehr helfen.

Das erste, was Sie vom Turnier sehen, ist vermutlich der Hängerparkplatz. Dort können Sie das gesamte Spektrum von Pferdehängern nebst Zugfahrzeugen bestaunen. Die Spannbreite reicht dabei vom Opel Frontera mit 1-Pferd-Anhänger bis hin zum Deluxe-Transport-LKW für gleich 10 Sportkameraden.

Dieser Anblick macht Ihnen hoffentlich klar, dass es wirklich kein Problem ist, Unsummen von Geld in die Reiterei zu versenken!

Sie stellen jetzt aber erst mal Ihren Kleinwagen zwischen zwei Großraumlimousinen auf dem PKW-Parkplatz ab und betreten den Ort des Geschehens.

Da gibt es zunächst ein Restaurationszelt, aus dem ein leckerer Geruch nach Bratwurst und Pommes strömt. Auf dem Außenplatz direkt neben dem Zelt wird gerade ein Springparcours aufgebaut. Aus den Lautsprecherboxen, die den Platz umgeben, tönt Discomusik.

Auf der Suche nach ersten reiterlichen Aktivitäten nähern Sie sich dem Abreiteplatz für die in Kürze in der Reithalle stattfindende Dressurprüfung. Dort herrscht ein unübersichtliches Gewusel. Befrackte Reiter traben auf schicken Rössern umeinander und man wundert sich, dass es nicht häufiger zu Zusammenstößen kommt.

Auf dem Abreiteplatz traut sich so mancher Reiter noch Dinge zu tun, die er den Richtern lieber nicht zeigen würde. Da wird mit Sporen gepiekt und mit Gerten geklatscht, was das Zeug hält, die Hälse der Pferde aufgerollt, bis sie sich in die Brust beißen. Die Gesichter der Reiter zeugen von unendlicher Missmutigkeit. Wie, Sie glauben allen Ernstes, diese angekotzten Visagen sprechen von der angespannten Konzentration leistungsbereiter Athleten? Entschuldigen Sie, wenn ich lache, aber bei diesen Reiter/Innen handelt es sich zu 90 Prozent um pubertierende Mädchen! Die sind erstens grundsätzlich schlecht gelaunt und zweitens beim Anblick von so viel Konkurrenz, die sie ausstechen könnte, noch um so mehr!

Neben Ihnen am Zaun des Platzes steht eine dünne blonde Frau mittleren Alters. Sie trägt eine dunkelgrüne Wachsjacke und hält einen winzigen Jack-Russell-Terrier an der Leine. Angespannt beobachtet Sie das Geschehen auf dem Platz, allen voran ein besonders unglückliches Paar, bestehend aus einem riesigen Schimmel und einem blonden, dürren Mädchen, das vergeblich versucht ihr Pferd auszusitzen, ohne bei jedem Trabtritt einen halben Meter über den Sattel geschleudert zu werden. »Angie!« ruft die Blonde herrisch, und das dürre Mädchen – offensichtlich ihre Tochter – lenkt den Schimmel zu ihr an den Zaun. »So geht das nicht«, faucht die Blonde, »Du musst den vorne packen und hinten schieben. Klatsch ihm ein paar auf den Arsch!« Während die junge Reiterin sich wieder entfernt, wirft Ihnen die Blonde einen derartig giftigen Blick zu, dass Sie erschrocken einen Schritt zur Seite machen und um ein Haar auf den Terrier getreten wären, der gerade nach einer guten Position suchte, um Ihnen ans Bein zu pinkeln.

Sie flüchten in die Halle. Gleich wird der erste Reiter die Dressurprüfung Klasse A eröffnen. Vorher bleibt Ihnen aber noch genug Zeit, zu bemerken, dass Sie scheinbar der einzige Zuschauer auf der Tribüne sind, von den Richtern mal abgesehen.

Beim Einreiten der Anfangsreiterin erhöht sich die Zuschauerfrequenz allerdings schlagartig, als fünf weitere Zuschauer und ein Hund hastig in der ersten Reihe Platz nehmen. Kaum hat die Reiterin aber ihre Darbietung beendet springen sie genauso hektisch wieder auf und verlassen die Halle.

Zögerlich klatschen Sie zweimal in die Hände – zur

Würdigung der Athleten sozusagen – hören aber sofort wieder auf, als sich einer der Richter fragend zu Ihnen umdreht.

Nachdem Sie sich einige Durchgänge angesehen haben, begreifen Sie, dass es bei dieser Dressurprüfung kein Publikum im eigentlichen Sinne gibt. Mit jedem Reiter kommen ein paar persönliche Begleiter auf die Tribüne, meist sind es wohl Eltern, Trainer oder interessierte Konkurrenten, die man an Ihrer Turnierkleidung erkennt. Diese verschwinden, sobald »ihr« Reiter die Halle verlässt und werden sofort durch die Zuschauer des nächsten Reiters ersetzt. Manche von denen werfen Ihnen kurze Blicke zu, können sich aber nicht zu einem Grußwort entschließen.

Irgendwann nach dem soundsovielten Starter wird Ihnen langsam langweilig. Außerdem haben Sie auf der verstaubten Holzbank einen ganz kalten Hintern gekriegt. Sie entschließen sich, hinaus zu gehen, um zu sehen, was das Turnier sonst noch so zu bieten hat.

Vor der Halle steht eine große Schiefertafel, die mehr Schaulustige anzieht als die ganze Dressurprüfung. Hier notiert ein Helfer (seien Sie froh, dass nicht Sie es sind) die Wertnoten, welche die Richter den Reitern gegeben haben. Auch die Blonde von vorhin ist da und hat ein erwartungsgemäß missmutiges Gesicht aufgesetzt. »Das kann gar nicht sein!« sagt Sie gerade zu dem unbehaglich dreinblickenden Helfer, der sich offensichtlich keine weitere Diskussion mit dieser Person wünscht.

Sie machen sich auf den Weg zum Springplatz. Dort findet mittlerweile auch ein Wettbewerb statt, und es geht etwas lebendiger zu als bei der Dressur. Es haben sich sogar ein paar Schaulustige aus dem nahe gelegenen Dorf eingefunden. Das Springen kann nämlich auch für den Laien interessant sein, weil es dann und wann tatsächlich richtig

Action gibt. So wie jetzt.

Gerade ist ein Reiter – ein fettleibiger Junge – vom Pferd gestürzt. Helfer haben es aber bereits wieder eingefangen und versuchen nun, den Reiter wieder hinauf zu hieven, was in Anbetracht der Körperfülle des Jungen gar nicht so einfach ist. Einige Leute im Publikum lachen. Als der Reiter endlich wieder im Sattel sitzt, ist sein Gesicht knallrot und Tränen glänzen auf seinen Wangen. Schwitzend reitet er noch einmal auf das Hindernis zu, an dem er eben gescheitert ist. Als das Pferd wieder verweigert, kann er sich mit knapper Not im Sattel halten, jedenfalls ist er gut genug im Gleichgewicht, um seinem Ross die Gerte überzuziehen. Dann zieht er seinen Hut und verlässt geschlagen den Parcours.

In diesem Augenblick beginnt es zu regnen. Rund um den Reitplatz schnappen Regenschirme auf. Das Pferd des nächsten Reiters, eines älteren Mannes, der aussieht wie ein Mathematiklehrer, ist davon so verunsichert, dass es trotz Schreien und Schlägen nicht dazu zu bewegen ist, den Parcours auch nur zu betreten. Er wird disqualifiziert.

Sie wollen sich das nicht länger angucken und gehen hinüber in das Festzelt. Hier drinnen ist die Stimmung wesentlich ausgelassener. Discomusik dröhnt. Auf den Tischen, an denen es besonders lustig zugeht, stehen kaum überschaubare Mengen leerer Schnapsfläschchen.

Sie kaufen sich zum Aufwärmen eine Tasse Kaffee und nach kurzem Zögern ordern Sie auch noch einen Schnaps dazu. Da Sie sich keiner der trunkenen Gesellschaften anschließen wollen, kippen Sie beides im Stehen hinunter und verlassen das Zelt wieder.

Auf dem Springplatz wird gerade dem Reiter zugejubelt, der als erster den Parcours absolviert hat, ohne aufzugeben oder disqualifiziert zu werden.

Sie tun das einzig Vernünftige und fahren nach Hause.

Ich hoffe, diese Erlebnisse sprechen für sich. Deswegen enthalte ich mich auch jeder edukativen Kommentierung.

Wachen Sie auf! Kehren Sie um! Schwören Sie ab!

III. ANDERE REITWEISEN

Sie stecken mittlerweile richtig tief drin.

Bis zum Hals im Pferdemist, könnte man sagen.

Und an dem Punkt, an dem Sie sich jetzt befinden, kommen selbst dem Blödesten leise Zweifel an der ganzen Sache.

Sie gehören aber nicht zu den Blödesten (sonst würden Sie mein Buch nicht lesen) und deshalb kommen Ihnen sogar mächtig laute Zweifel.

Fassen wir noch einmal kurz zusammen:

Sie sind zwischenzeitlich vom ahnungslosen Anfänger zum gewohnheitsmäßigen Schulreiter und dann sogar noch bis zum (Kleinen) Abzeichenbesitzer aufgestiegen.

Wie ein fortgeschrittener Reiter fühlen Sie sich aber immer noch nicht.

Die Tretmühle im Schulbetrieb geht Ihnen schon seit einiger Zeit gehörig auf die Nerven. Wenn irgend so ein hoffnungsvoller Anfänger mit glänzenden Augen und aufgeregter Stimme den Stall betritt, würden Sie ihn am liebsten nach Hause oder zum Tennis spielen schicken. Sie wissen nämlich, was mit diesem Reiter-Frischfleisch passieren wird. Bestenfalls wird in ein paar Jahren so etwas daraus werden, wie Sie es momentan sind: ein desillusionierter Gewohnheitstäter. Schlimmstenfalls wird es eine neue Frau Schulz sein, die nach fünf Jahren immer noch weder alleine satteln noch ein Pferd angaloppieren kann, dafür aber die klügsten Reden am Reiterstammtisch schwingt.

Und dann die grauenhafte Gefängnishaltung der Schulpferde! Sie haben zwar erfolgreich jahrelang die Augen davor verschlossen, aber jetzt können Sie das Leid langsam aber sicher nicht mehr mit ansehen.

Auch die Aufenthalte auf den Landesreitschulen hängen Ihnen zum Hals raus. Ist das dort nicht auch eigentlich das Gleiche in grün?

Nein, so geht es nicht weiter!

(Sie könnten natürlich an diesem Punkt aussteigen und endlich Nichtreiter werden. Aber so wie ich das sehe, wird es wohl leider noch ein bisschen dauern, bis Sie sich zur Gänze aus dem Pferdemist herausgewühlt haben ...)

Sie wollen also umsatteln! Schließlich leben wir heutzutage in einer pluralistischen Reitergesellschaft. Neben der angestammten Reitweise gibt es etliche andere, die alle von sich behaupten besser, leichter, natürlicher, pferdefreundlicher zu sein. Und diese wollen, nein, müssen Sie nun erproben. Sie kamen sich beim Studium Ihrer Pferdezeitschriften und Internetforen nämlich schon ganz schäbig vor, weil Sie immer noch in einem »normalen« Reitbetrieb reiten und noch nicht mal einem Guru verfallen sind. Der moderne Mensch setzt schließlich auf Innovation und rennt sowieso jedem Trend hinterher!

Sie stürzen sich nun also voller neuem Elan in die schöne neue Welt der anderen Reitweisen.

1. Westernreiten

Anders, keinesfalls besser

Um es gleich vorwegzunehmen, ich weiß nicht viel über Westernreiter, außer dass das Leute sind, die mit albernen Hüten und durchhängenden Zügeln durch die Gegend reiten, sich dabei sonst wie toll vorkommen und gerne rituelle »Englisch-Reiter«-Beschimpfungen durchführen.

Mehr weiß der durchschnittliche Westernreiter aber auch nicht und deswegen zelebriert er dieses Selbstverständnis um so penetranter.

Die Ursprünge des Westernreitens liegen bei der Arbeit der amerikanischen Cowboys beim Viehtrieb. Mal ehrlich, was würde Bauer Plönzke dazu sagen, wenn Sie jetzt plötzlich anfangen, seine Schwarzbunten durch die Gegend zu treiben? Wer braucht hierzulande Cowboys?

Und ein Pferd mit »Cow-sense« zu besitzen, dass sich auch noch wie ein elektronischer Jahrmarktsbulle unaufhörlich im Kreise drehen (»spinnen«) kann, ist das ein erstrebenswertes Ziel? Dazu noch ein lustiges Hütchen und ein Lederhemd mit Troddeln dran, fertig ist der Faschings-Clown!

Besuchen Sie zur Abschreckung mal ein Westernturnier, das dürfte Sie sofort kurieren. Dort geht es zwar zur Abwechslung nicht so sauertöpfisch zu wie auf einem »Englisch«-Turnier, dafür wird aber ganz oft »Yiiehaa« und »Howdy« gejodelt, die Girls kleiden sich wie Wildwest-Ausgaben von Gary Glitter, und die Typen rennen alle rum wie Little Joe auf Speed. Ob das so eine gute Alternative zur herkömmlichen Reiterei ist? Ich weiß ja nicht …

Und bilden Sie sich bloß nicht ein, den Pferden ginge es bei den Westernreitern besser! Zwar wirbt die American Quarter Horse Association mit dem Spruch »Quarters do it with a smile«, diese Aussage könnte aber von der Tatsache herrühren, dass die lieben Tierchen bei amerikanischen Horse-Shows meist derartig unter Drogen stehen, dass ihnen außer einem dümmlichen Grinsen nichts mehr einfällt.

Von solchen Auswüchsen im Profilager mal abgesehen, hat auch das durchschnittliche Western-Freizeitpferd wohl genauso viel oder wenig zu lachen wie jedes andere Pferd auch. Das Schlimme an der ganzen Sache ist aber, dass dann plötzlich unwissende und vielleicht auch grobe Reiter mit Begriffen wie »natural horsemanship« und »join up« um sich werfen und sich auch noch ganz schlau dabei fühlen.

Sicher, es gibt gaaaanz tolle Western-Trainer, und es wird Ihnen auch nicht schwer fallen, einen Guru zu finden, der Sie ordentlich abzockt.

Aber unter dem Strich bleibt eigentlich nicht viel übrig, was Sie tatsächlich dazu bewegen könnte, ans Western-Lagerfeuer zu wechseln.

Es sei denn, Sie wollen einfach mal ein bisschen Cowboy und Indianer spielen, dann will ich Sie nicht ...

... doch, ich will Sie abhalten!

2. Gangpferdereiten

Zwei Gänge mehr zum schlecht reiten

Beginnen wir ausnahmsweise mal mit etwas Positivem.

Den Islandpferdehaltern ist es zu verdanken, dass in den sechziger Jahren der Gedanke der artgerechten Pferdehaltung nach Deutschland importiert wurde und mittlerweile auch langsam Fuß gefasst hat.

Was in der Heimat der Islandpferde der natürlichen Bequemlichkeit der dortigen Bauern entspringt, nämlich die Pferde das ganze Jahr über draußen rumlaufen und sich um sich selbst kümmern zu lassen, war hierzulande tatsächlich revolutionär.

Und den ersten hiesigen Islandpferdehaltern, allen voran Ursula Bruns, wurde von wohlmeinenden Mitbürgern tatsächlich der Tierschutz auf den Hals gehetzt, weil die armen Ponys im Winter nicht in einen warmen Stall gestellt wurden. Da war eine Menge ermüdender Aufklärungsarbeit nötig, bis auch der letzte Tierfreund begriffen hatte, dass sich Robustpferde an der frischen Luft am wohlsten fühlen.

Bis sich allerdings beim durchschnittlichen Kontinentaleuropäer die Erkenntnis durchsetzte, dass nicht nur zottelige Nordlandponys das ach so raue deutsche Klima unbeschadet ertragen können, sondern alle Pferde in ganzjähriger Gruppenauslaufhaltung am besten aufgehoben sind, gingen viele Jahre ins Land. Genauer gesagt ist der Erkenntnisprozess noch lange nicht abgeschlossen. Die meisten Sauerkrautbauern, viele Reitstall- und (Groß-)Pferdebesitzer und ein Haufen besserwisserischer Berufsrentner sind immer noch der Meinung, dass ein Pferd – zu seinem eigenen Besten – hinter Gittern gehört, am besten in Einzelhaft. Auf diese Art und Weise kann sich das liebe Tier nämlich nicht erkälten und ohne die störende Anwesenheit von Artgenossen ist auch das Verletzungsrisiko viel geringer.

Außerdem braucht ja auch die Reitartikelindustrie Abnehmer für die zehn neuen Thermodeckenmodelle, die jedes Jahr auf den Markt geworfen werden ...

So gesehen haben die Islandpferde wirklich Glück gehabt, dass man ihnen mittlerweile unumstritten ein Recht auf Frischluft und Gesellschaft eingeräumt hat. Wenn Sie also auf der Suche nach artgerechterer Pferdehaltung sind, schauen Sie sich ruhig mal bei den Isländern um. Zwar gibt es auch in dieser Szene etliche Schmuddelbuden, wo die Ponys bei schlechtem Wetter in Mist und Schlamm zu versinken drohen, aber selbst das ist meiner Meinung nach besser als ein Hochglanz-Stall ohne Koppeln.

Soviel dazu. Aber kommen wir nun zu etwas völlig anderem.

Islandpferde sind nicht etwa deshalb so populär, weil sie handlich, robust und knuddelig sind (nun, eigentlich schon, aber dazu später mehr ...), sondern weil sie dem Reiter neben Schritt, Trab und Galopp noch ein bis zwei zusätzliche Gangarten bieten, nämlich Tölt und Pass.

Besonders der Tölt wird von Gangpferdreitern geradezu hymnisch gepriesen. Bequem und erschütterungsfrei soll der Reiter sitzen, ganz anders als im holperigen Großpferdetrab, und auf diese Art und Weise völlig entspannt und stressfrei durchs Gelände getragen werden.

Der Tölt ist also angeblich die Gangart für die Rückenlahmen und die Ängstlichen und überhaupt für Leute, die sich nicht mit der Grundausstattung zufrieden geben sondern einfach gern zwei Gänge mehr hätten.

Und weil töltende Pferde – anfangs nur in Gestalt der Islandpferde – beim Käufer gut ankamen, wurde und wird der Markt nun mit Töltern aller Art überschwemmt.

Da gibt es südamerikanische, griechische und mongolische Tölter und sogar ausgemusterten Trabern von der Rennbahn wird plötzlich ein Tölttalent nachgesagt.

Bleiben wir aber beim Beispiel Isländer und kehren noch einmal zu der Frage zurück, was das denn eigentlich für Leute sind, die sich so einen Tölter kaufen.

Das sind zu einem nicht geringen Prozentsatz Menschen, die aus unterschiedlichen Gründen an der herkömmlichen Großpferdereiterei gescheitert sind. Zum Beispiel weil sie Angst vor Pferden haben oder weil sie schlichtweg unbegabt sind – und sich von dem Gerücht haben einlullen lassen, dass so ein niedliches Töltpony kreuzbrav und von jedem zu reiten ist.

Was dabei herauskommt, ist, dass Reiter, die schon mit

den drei Grundgangarten überfordert sind, nun auf Fünfgängern sitzen, die wider Erwarten auch nicht unbedingt temperamentlos sind.

Leider hat aber so ein Gangpferd mitnichten vier oder fünf klar voneinander getrennte Gänge. Im Gegenteil, irgendwie scheinen sie es besonders zu lieben, dem Reiter eine Gangart anzubieten, die nichts Halbes und nichts Ganzes ist und irgendwo zwischen Tölt und Pass angesiedelt ist. »Schweinepass« nennen das die Experten abfällig, und so wie sich das Wort anhört, so fühlt sich die Bewegung auch an.

Und ein unkontrolliert im Schweinepass davon stürmender Isländer ist mindestens genauso furchterregend wie ein durchgehendes Großpferd – von der geringeren Fallhöhe mal abgesehen.

Denn Pferde, die direkt aus Island importiert wurden, sind in ihrer Heimat nicht selten mit ziemlich groben Mitteln eingeritten worden und haben nicht viel anderes gelernt, als flott geradeaus zu laufen. Und wenn sich nun ein verkorkster deutscher Großpferdereiter auf so ein Pony schwingt, wird er schnell merken, dass aus dem gemütlichen Tölt-Ausritt eine heillose Jagd wird, weil er zum einen nicht in der Lage ist, das Pferd korrekt zu reiten – und selbst wenn er es versucht, das Pferd nicht in der Lage ist, seine Hilfen zu verstehen. Gewissermaßen ein töltender Teufelskreis.

Da bleibt dem überforderten Reiter nichts anderes übrig, als sich bei Leuten Rat zu suchen, die sich mit so was auskennen. Das sind dann im allgemeinen Gangpferdetrainer oder aber echte Isländer, die grundsätzlich als Experten gelten, ob sie nun was drauf haben oder nicht.

Unterricht bei so einem echten Isländer ist schon eine witzige Sache, da Isländer im Allgemeinen lustige und trinkfeste Kerle sind. Aber wenn Sie nach einem Wochenendkurs bei einem Hjálmar Thorsson (um einen x-beliebigen

Namen zu nennen) 150 Euro ärmer sind, dafür aber lediglich die Erkenntnis mit nach Hause nehmen, dass Sie sich »einfach mal ristig traufsetze« müssen, bekommen Sie so langsam wieder ein altbekanntes flaues Gefühl in der Magengegend. Sicher, ich erzähle Ihnen mal wieder nur von den schlimmsten anzunehmenden Fällen. Natürlich gibt es auch wahnsinnig einfühlsame Gangpferdetrainer, die Ihnen gerne einen in Deutschland gezogenen und wahnsinnig einfühlsam ausgebildeten Tölter verkaufen. Dass Qualität ihren Preis hat, versteht sich dabei natürlich von selbst. Und wenn Sie dann immer noch nicht ordentlich tölten können, muss das ja wohl an Ihnen liegen. Vielleicht sind Sie nicht einfühlsam genug? Da sind wohl noch etliche Reit- und Berittstunden bei Ihrem Gangpferdetrainer fällig, bevor Sie Ihren stressfreien Töltausritt antreten können.

Oder Sie machen es wie so manch anderer entnervte Isländerreiter. Sie freuen sich, dass Ihr Pony knuddelig und robust und – hoffentlich – brav ist und lassen sich von ihm durch die Gegend tragen, in was für einer mehr oder weniger bequemen Gangart auch immer.

Vielleicht sollten Sie sich dann einen Aufkleber für Ihr Auto kaufen, auf dem die leicht abgewandelte Form eines in der Tölter-Szene beliebten Spruches steht:

Stell dir vor, du hast ein Pferd, und du kannst es nicht tölten!

3. FREIZEITREITEN

Von allem etwas

Wenn man sich über Freizeitreiter unterhält, dann sollte man vorher sicherstellen, dass alle Gesprächsteilnehmer auch das Gleiche darunter verstehen, sonst gibt es Missverständnisse.

»Freizeitreiter« ist nämlich wohl einer der schwammigsten und überstrapaziertesten Begriffe der Reiterszene.

Per definitionem ist ein Freizeitreiter jemand, der in seiner Freizeit reitet, also nicht sein Geld damit verdient. Das dürften dann die meisten Reiter hierzulande sein, vom einfachen Reitschüler bis zum Hobby-Reitlehrer, egal, welcher Reitweise sie frönen.

Turnierreiter pflegen alle als Freizeitreiter zu titulieren, die kein Interesse am Turniersport haben.

Reiter, die mit Inbrunst die herkömmliche Reitweise, wie die Deutsche Reiterliche Vereinigung sie lehrt, für das einzig Wahre halten, bezeichneten jahrelang alle als Freizeitreiter, die eine andere Reitweise bevorzugten. Das Wort hatte (hat?) einen negativen Beiklang, der erst allmählich neutraler wurde, als die anderen Reitweisen immer mehr Zulauf und somit notgedrungen auch Anerkennung fanden.

Und die Reiter aller anderen Reitweisen, die auf ihre Art mindestens genauso intolerant und dogmatisch sind wie alle anderen, nennen jene Leute Freizeitreiter, die sich partout nicht eindeutig einem Lager zuordnen lassen sondern einfach ihr eigenes Ding machen.

Diese Individualisten sind es, die ich an dieser Stelle meine, wenn ich »Freizeitreiter« sage.

Eigentlich machen sie es ja ganz richtig, diese Freizeitreiter, wenn sie sich aus allen Reitweisen das rauspicken, was ihnen am besten gefällt, ohne, um die Stilreinheit zu wahren, jeden Unsinn mitmachen zu müssen. Und wenn der Isländer sich unter dem Westernsattel wohl fühlt – so what?

Ist es nicht schön, dass es Menschen gibt, die zugeben,

dass sie einfach nur ein bisschen Spaß mit ihren Pferden haben wollen, stressfrei in der Gegend herumreiten und ...

STOPP! Diese Freizeitreiter wären gar keine Reiter, wenn sie nicht auch ständig gestresst und überfordert wären. Pferde sind nun mal keine niedlichen Kuscheltierchen, die Ihnen alles recht machen, solange Sie nur ganz lieb zu ihnen sind.

Mit anderen Worten: Die Freizeitreiter stehen in vielen Fällen vor den gleichen Problemen, die alle anderen Reiter auch haben. Allerdings eröffnet ihnen ihre Narrenfreiheit ganz andere Möglichkeiten der Problemlösung.

Wenn es zum Beispiel mit dem Reiten nicht so klappt, wird im Zweifelsfalle ganz viel Bodenarbeit gemacht. Denn wenn der Reiter steif und unsensibel ist, kann es ja nicht schaden, erst einmal vom Boden aus zu versuchen, dem Pferd einige Lektionen der »Doma Vaquera« beizubringen.

Oder wenn das Pferd ungebärdig ist, wenn es steigt und schlägt, was läge näher als mit der Übung von zirzensischen Lektionen zu beginnen? Schließlich ist man als Freizeitreiter ja nicht so verbohrt und weiß, dass das Pferd nicht etwa schlecht sondern einfach *anders begabt* ist.

Nichtsdestotrotz ist »Freizeitreiter« nicht das schlechteste Etikett, das Sie sich in der Reitszene selbst anheften können. Ein passabler Reiter, der sich Freizeitreiter nennt, ist auf jeden Fall besser als ein affektierter Schnösel, der auch nicht besser reitet, dafür aber was von »Klassischer Reitkunst« schwafelt.

Die allerbeste Alternative bleibt natürlich nach wie vor das Nichtreiten. Es ist stressfrei, Sie können es ohne Angst ausüben, und es erspart Ihnen so viel, dass Sie noch genügend Zeit und Geld für andere erfüllende Tätigkeiten übrig haben. In Urlaub fahren zum Beispiel oder andere nette Nichtreiter treffen.

Aber damit kann ich bei Ihnen gerade nicht landen, was?

Sie sind jetzt an einem Punkt, an dem Sie schon sehr viel von der Reiterei gesehen und erfahren haben. Das meiste davon war schlimm.

Doch Sie wiegen sich in der trügerischen Hoffnung, dass alles besser wird, wenn Sie nur endlich Ihr eigener Herr sind. Wenn Sie kein Reitlehrer oder Trainer oder sonst ein weisungsbefugter Besserwisser ständig bevormundet. Aber um herauszufinden, ob diese Hoffnung berechtigt ist, gibt es nur einen einzigen Weg.

Ich rate Ihnen ab von diesem Weg, ich rate Ihnen dringend ab!

Ich weiß, Sie wollen nicht auf mich hören. Schließlich ist ja auch die Erfahrung die beste Lehrerin. Aber denken Sie daran, sie kommt erst, wenn es bereits zu spät ist!

Tun Sie, was Sie nicht lassen können! Stürzen Sie sich sehenden Auges in den

ABGRUND!

IV. DAS EIGENE PFERD

La superbia andò a cavallo e tornò a piedi.
Der Hochmut ritt zu Pferde und kehrte zu Fuß zurück.
Italienisches Sprichwort

1. Die Reitbeteiligung

Fast ein eigenes Pferd

Kein Schulbetrieb qualifiziert einen Menschen dazu, die Verantwortung für ein eigenes Pferd zu übernehmen.

Auch wenn Sie sich noch so hingebungsvoll um ein Schulpferd kümmern sollten, bereitet Sie das – wenn überhaupt – nur sehr ungenügend auf den Alltag eines Pferdebesitzers vor. Denn als Schulreiter können Sie jederzeit Ihren Reitlehrer anrufen und Bescheid sagen, dass Sie die nächsten zwei Wochen nicht kommen können, weil Sie Urlaub haben, krank sind oder schlicht etwas Besseres vorhaben.

Wenn ein Schulpferd lahmt, oder wenn der Schmied fällig ist, dann kümmert sich der Reitlehrer darum, und die Futterversorgung liegt natürlich in den Händen der Pferdepfleger. Sie dagegen putzen Ihr Schulpferd, reiten es und stopfen es mit Leckerlis voll, mehr nicht.

Sie sind sich – als nicht ganz unbedarfter Mensch – dieser Wissensdefizite in Sachen Pferdehaltung aber durchaus bewusst. Und jetzt, da immer mehr der Gedanke in Ihnen reift, ein eigenes Pferd besitzen zu wollen (Weiche, böser Geist, weiche!), haben Sie sich sogar schon diverse Bücher zum Thema angeschafft.

Dass man Bücher zwar interessiert lesen, häufig aber wenig praktischen Nutzen daraus ziehen kann, wissen Sie aber aus Ihren Erfahrungen mit Reitlehren. Daher wollen Sie, bevor Sie sich Ihren großen Traum (Wehe, wehe, es ist ein Irrweg!) erfüllen, auf andere Art und Weise Erfahrung in punckto Pferdehaltung erwerben: Sie suchen sich eine Reitbeteiligung.

Das Prinzip »Reitbeteiligung« hört sich zunächst einmal auch sehr vernünftig an. Da sucht sich ein Pferdebesitzer, der zu wenig Zeit und/oder Geld für sein Hobby hat, einen engagierten Reiter, der aus den gleichen Gründen kein eigenes Pferd hat. Dieser beteiligt sich dann zumeist finanziell an den Unterhaltskosten des Pferdes und/oder hilft bei allen anfallenden Arbeiten rund ums Pferd. Dafür hat die Reitbeteiligung zu festgesetzten Zeiten das Pferd zur alleinigen Verfügung, kann mit ihm ausreiten, Unterricht nehmen etc.

Meistens sind der Verfügungsgewalt der Reitbeteiligung insofern Grenzen gesetzt, dass der Besitzer ganz genaue Vorstellungen davon hat, was mit seinem Pferd geschehen soll. Beispielsweise soll das Pferd dann nur in der Halle oder nur im Gelände bewegt werden.

Es gibt allerdings auch Pferdebesitzer, denen es völlig egal ist, was Sie als Reitbeteiligung mit dem Pferd treiben, Hauptsache Sie sind zuverlässig und der Gaul ist dreimal in der Woche versorgt. Das ist eine Einstellung, die Ihnen momentan noch herzlos und unverständlich erscheint. Keine Angst, in spätestens einem Jahr werden Sie das mit ganz anderen Augen sehen …

Wie findet man denn nun eigentlich eine Reitbeteiligung?

Die kleinen Mädchen in Ihrem Schulstall sind dazu einfach mit treuherzigen Gesichtern zu den Besitzern der Pferde gegangen, die ihnen am besten gefielen.

»Der ist ja so süß! Wenn Sie wollen, putze ich den für Sie …«

Ein paar Wochen später konnte man die Mädels dann auf ihren Pflegepferden auch reiten sehen. Aber na ja, für diese Methode sind Sie dann doch schon ein bisschen zu alt.

Sie könnten »Suche Reitbeteiligung«-Handzettel schreiben und an die schwarzen Bretter der nahe gelegenen Reitbetriebe heften. Vielleicht meldet sich ja ein Pferdebesitzer.

Wesentlich ergiebiger sind aber die Kleinanzeigen der regionalen Anzeigenblätter. Hier hat sich mittlerweile die Rubrik »Biete Reitbeteiligung« fest etabliert. Und aus den Anzeigentexten kann man unter Umständen bereits eine ganze Menge über die angebotenen Pferd, und ihre Besitzer erfahren.

Was für einen Menschen stellen Sie sich zum Beispiel hinter dieser Anzeige vor?

»Mein Name ist Dina. Ich bin eine temperamentvolle 10-jährige Oldenburger-Stute. Ich bin dunkelbraun, 1,65 m hoch und in letzter Zeit aus Bewegungsmangel etwas pummelig geworden. Damit ich abspecke, sucht mein Frauchen jetzt eine liebe, einfühlsame Reiterin für mich, die mit mir 2 x pro Woche in Halle und Gelände Spaß haben will. Ich freue mich auf dich!«

Offensichtlich ein Frauchen mit Bewusstseinstrübung. Und ein völlig unausgelastetes Pferd, das Ihnen vermutlich unter dem Hintern wegrennt. Sparen Sie sich das Geld für den Anruf!

Aber was halten Sie davon:

»RB gesucht für 7-jährigen Hannoveraner-Wallach von Watzmann. Dressurtalent, das weiter gefördert werden soll. Feste Hand und L-Niveau Bedingung. Ansonsten keine finanziellen Interessen.«

Oh weh, vor diesem Besitzer hätte ich Angst! Er stellt aber keine Gefahr für Sie dar, da hier sowieso nur ein kostenloser Bereiter und kein mittelmäßiger Schulreiter gesucht wird.

Dann gibt es noch etliche Anzeigen dieser Art:

»Suche RB für lieben, 15-jährigen Wallach, wegen Arthrose nur noch eingeschränkt reitbar, aber im Gelände eine Lebensversicherung. Steht in Offenstall. 3 – 4 x pro Woche gegen Übernahme von Stallarbeiten ...«

Hier wird ein kostenloser Krankenpfleger und Stallbursche gesucht, der gerne nach Feierabend Ausläufe abäppelt und auch mal ausreitet, wenn das Pferd gerade nicht lahmt. Lassen Sie die Finger davon!

Aber wenn Sie lange genug suchen und auch mal ein paar Pferde ausprobiert haben, dann werden Sie schon ein halbwegs nettes Pferd mit einem nicht übermäßig neurotischen Besitzer finden, bei denen Sie es eine Zeit lang aushalten können.

Natürlich müssen Sie aber auch dem Pferdebesitzer beweisen, dass Sie richtig satteln und ordentlich reiten können. Stellen Sie sich also schon mal auf eine stressige Prüfungsstunde ein!

Auf jeden Fall schenkt Ihnen Ihr Dasein als Reitbeteiligung Einblicke in die Welt der Pferdehalter. Sie erfahren, dass es etwas ganz anderes ist, allein mit dem »eigenen« Pferd in einer Halle voller Privatreiter zu sein, als in der behüteten Ordnung der Schulreiterabteilung den Anweisungen des Reitlehrers zu folgen. Beunruhigend ist das und aufregend – und unseligerweise gefällt es Ihnen auch noch.

Außerdem bekommen Sie aber vielleicht die eine oder andere Krankheit Ihres Reitbeteiligungspferdes mit. Auch hören Sie aus den Gesprächen der Privatreiter heraus, dass man »ganz schön Pech« mit einem Pferd haben kann, weil es ein »Huster« ist oder unter Krankheiten leidet, die so obskure Namen wie »Hufrolle« oder »Ataxie« haben.

Nach den Anweisungen des Pferdebesitzers mischen Sie überdies verschiedene Zusatzfutter, weichen Rübenschnitzel ein und träufeln Bachblüten auf Pferdeschleimhäute. Vielleicht halten Sie auch dem Schmied auf, wenn er Ihrem Teilzeitpferd seinen Spezialbeschlag verpasst.

Mit anderen Worten, Sie bekommen eigentlich alles mit, was so ein Pferdebesitzerleben ausmacht – nur leider schreckt es Sie nicht, weil sich so etwas zwei- bis dreimal die Woche noch ganz gut aushalten lässt. Sie verkennen den Ernst der Lage sogar auch dann noch, wenn Sie mal für zwei Wochen Urlaubsvertretung für Ihren Pferdebesitzer machen.

Denn Ihr Unterbewusstsein weiß ganz genau, dass Sie im Ernstfall nicht der Leidtragende sind und schüttet deswegen auch nicht die angemessene Dosis an Schreckhormonen aus. Schmied- und Tierarztrechnungen kriegen Sie nie zu sehen und wirklich schwer wiegende Entscheidungen müssen Sie sowieso nicht treffen.

Dafür werden Sie mit der Zeit immer säuerlicher, wenn Sie sich nur wie ein Handlanger Ihres Pferdebesitzers fühlen.

Sie dürfen nämlich nur reiten, wenn der Besitzer keine Zeit oder Lust hat, aber wenn im Stall mal ein (vermeintlich!) interessanter Kurs angeboten wird, können Sie sicher sein, dass der Besitzer Zeit und Lust hat.

Wenn der Besitzer möchte, dass Sie sein Pferd beim Longieren mit einem Halsverlängerer ausbinden, dann haben Sie das zu tun, ob Sie das für sinnvoll erachten oder nicht. Und wehe Sie tun es nicht, der Besitzer wird es erfahren, denn die anderen Privatreiter haben immer ein Auge auf Sie, da Sie als Reitbeteiligung ein Reiter 2.Klasse sind, in der Rangfolge knapp oberhalb des gemeinen Schulreiters stehen, und somit per se verdächtig sind.

Irgendwann fehlt dann nur noch der Tropfen, der das Fass zum Überlaufen bringt. Und sollte Sie Ihr Pferdebesitzer dann zum Beispiel bitten, doch auch mal den Springsattel zu putzen (obwohl Sie den nie benutzen), dann reicht es Ihnen endgültig.

Sie wollen niemandes Handlanger mehr sein! Sie wollen selber bestimmen können, wann Sie wie reiten! Sie wollen einen eigenen Sattel! Sie wollen …

… ein eigenes Pferd!

»Ihr, die Ihr hier eintretet, lasst alle Hoffnung fahren!«
(Dante, »Inferno«)

2. Der Pferdekauf

Betrügen und betrogen werden

Es ist also soweit. Sie beabsichtigen, sich ein Pferd zu kaufen.

Wie immer ist auch das nicht so einfach, wie es sich anhört. Denn Sie müssen sich zuerst entscheiden, was für ein Pferd Sie erwerben wollen und vor allem wo. Zu diesen Themen haben Sie – als gründlicher Mensch – natürlich mal wieder allerlei Literatur erworben und auch schon den einen oder anderen Tipp von anderen Pferdekäufern erhalten.

Aber die Theorie ist wie immer grau, und die Tipps widersprechen sich auf erschreckende Weise. »Kauf 'nen Jungen!«, »Kauf 'nen Alten!«, ja, was denn nun?

Was Sie dann irgendwie auch menschlich enttäuscht, ist die Tatsache, dass keiner Ihrer reitenden Bekannten bereit zu sein scheint, Ihnen aktiv beim Pferdekauf zu helfen. Ein bisschen klug daherschwätzen scheint noch machbar zu sein, aber mal mit zu einem Besichtigungstermin fahren oder gar eine Kaufempfehlung aussprechen, das will keiner Ihrer Reiterfreunde – oder nur diejenigen, deren Meinung Sie ohnehin nicht sonderlich schätzen.

Machen Sie sich nichts draus! Das ist normal – und spricht für die Intelligenz Ihrer Reiterfreunde. Die wissen nämlich, dass die ganze Sache aller Wahrscheinlichkeit nach schief geht und wollen – verständlicherweise – nicht die Verantwortung dafür übernehmen müssen, dass Sie mit einem kranken, ungebärdigen oder sonst wie unbrauchbaren Pferd geschlagen sind.

Diejenigen aus Ihrem Bekanntenkreis, die tatsächlich anfangen, sich aktiv in Ihre Kaufentscheidung einzumischen, haben unter Garantie einen Hintergedanken dabei. Sie spekulieren auf eine günstige Reitbeteiligung oder ein gewinnträchtiges Berittpferd oder eine Boxenmiete in ihrem Stall oder – und das sind die Gehässigen! – auf einen Leidensgenossen, mit dem sie in Zukunft ganz viel über Pferdeprobleme reden können.

Verlassen Sie sich also lieber auf sich selbst. (Verlassen sind Sie sowieso.)

Ihre erste Frage sollte sein: Welches Pferd passt zu mir?

Die richtige Antwort auf diese Frage lautet selbstverständlich: Gar keins. Aber Sie hören mir ja nie zu …

Wenn Sie vernünftig sind, dann überlegen Sie mal, welches Pferd Ihnen im Laufe Ihrer Reiterkarriere besonders sympathisch war. Das wird dann entweder ein Schul- oder ein Reitbeteiligungspferd sein, mit dem Sie gut zurechtkamen, weil es artig im Umgang und ordentlich zu reiten war.

Begeben Sie sich also auf die Suche nach einem Pferd, das diesem Vorbild so nahe wie möglich kommt!

Wenn Sie unvernünftig sind, dann fallen Ihnen plötzlich alle möglichen Idealvorstellungen wieder ein, die Sie im Laufe Ihres Lebens mal von einem Pferd hatten. Angefangen bei Fury, dem schwarzen Hengst, der auf Zuruf zu seinem Herrn galoppiert kam, bis hin zu den muskelbepackten Dressurschiffen, die bei der letzten Olympiade so erfolgreich waren. In diesem Falle sind Sie auf dem besten Wege, sich ein Pferd zu kaufen, dass Sie als Pferde-Erstbesitzer völlig überfordern wird. Dafür werden sich andere Leute die Hände reiben, die nicht wenig Geld damit verdienen werden, dass sie Ihnen helfen (oder zumindest so tun als ob), mit Ihrem eigenen Pferd zurechtzukommen.

Gleiches gilt für den Kauf eines Fohlens. Sie können kein Pferd selber ausbilden! Das haben Sie nie gelernt und »Learning by doing« ist auch nicht immer die richtige Methode.

Die Vernunftentscheidung besteht also darin, dass Sie sich ein gut ausgebildetes Pferd im besten Alter zulegen, das vielleicht kein Spitzenkracher dafür aber ein ausgeglichener Zeitgenosse ist.

Das klingt ja gar nicht so schwer, sagen Sie? Wittern Sie etwa schon Morgenluft?

Lassen Sie sich eines gesagt sein: Für welches Pferd Sie sich auch immer entscheiden, ob für ein Fury-Fohlen oder für Ihr Lieblingsschulpferd, Sie können (und werden) immer auf die Schnauze fallen!

Wenn es nicht sofort krank wird, dann werden Sie es nicht mögen, und wenn Sie es mögen, wird es sofort entsetzlich krank, oder Sie mögen es nicht, und krank ist es auch noch. Da können Sie sich drehen und wenden, wie Sie wollen!

Atmen Sie noch ein letztes Mal tief durch, solange Sie noch ein freier Mensch (sprich: Nicht-Pferdebesitzer) sind! Und dann beginnen Sie Ihren Besichtigungsmarathon, der Sie direkt in das Sklavendasein eines Pferdehalters führen wird!

Auf der Auktion

Eine Pferdeauktion ist eine herrliche Gelegenheit, die sprichwörtliche Katze im Sack zu kaufen.

Sie sitzen auf der Tribüne der Auktionshalle und sehen zu, wie im Dressurviereck die jungen Hoffnungsträger ihrer Rasse von professionellen Bereitern präsentiert werden. Die Pferde sehen eigentlich alle nett aus. Manche natürlich noch netter als die anderen, das sind dann die, welche für 250 000 Euro nach Japan versteigert werden …

An den Tagen vor der Auktion hatten Sie auch schon Gelegenheit, die Auktionspferde im Freispringen zu bewundern oder sogar mal selber eines zu reiten, bzw. Ihren künftigen Bereiter reiten zu sehen. Und dabei haben Sie sich einen Favoriten ausgeguckt. Ein Pferd, das Sie gerne besitzen möchten und das aller Wahrscheinlichkeit nach zu einem Preis unter den Hammer kommen wird, der Ihnen machbar erscheint.

Außer seinen Gangqualitäten und seiner Sprunggewalt kennen Sie aber nicht viel von Ihrem Favoriten. Über seinen Charakter können Sie sich kein Urteil erlauben, denn die Auktionspferde sind alle von wer weiß wo zum Auktionsort gekarrt worden und benehmen sich in dieser fremden, aufregenden Umgebung sowieso ganz anders als zu Hause.

Auktionspferde sind auch selten älter als fünf oder sechs Jahre. Es sind Pferde, die bei Ihrem Züchter Kindergarten und Grundschule ihres Lebens durchlaufen haben. Die weiterführende Schule müssten also Sie übernehmen.

Ein Gesundheitszeugnis haben die Auktionspferde alle vom Auktionstierarzt ausgestellt bekommen, was nicht viel darüber aussagt, ob sie nun gesund sind, oder ob nicht doch irgendeine scheußliche chronische Krankheit in ihren Knochen lauert, die unglücklicherweise zum Untersuchungszeitpunkt noch nicht festzustellen war ...

Auktionen sind etwas für Spielernaturen. Und wenn Sie nun Ihren Favoriten im Viereck laufen sehen, glänzend geputzt und perfekt frisiert, vielleicht zuckt ja dann Ihre Hand unwillkürlich nach oben. Und sollten Sie dann sogar noch den Zuschlag erhalten, dann nehmen Sie es im Hänger mit nach Hause, Ihr Kätzchen, aber irgendwie auch im Sack ...

Beim Händler

Rosstäuscher werden Pferdehändler im Volksmund genannt. Und so erwarten Sie bei Ihrem Händlerbesuch auch irgendwie, getäuscht zu werden. Schade eigentlich, denn vielleicht haben Sie ja einen seriösen Händler erwischt, und es stimmt tatsächlich, was er Ihnen so blumig über sein bestes Pferd im Stall erzählt. Aber woher sollen Sie wissen, dass er Ihnen nicht das Blaue vom Himmel herunterlügt? Da ist es beim Pferdekauf letztlich wie beim Gebrauchtwagenkauf eine Frage des Abwägens, des Vertrauens – und des Glücks.

Wenn Sie an einen unseriösen Händler geraten sind, merken Sie das sehr schnell daran, dass er so tut, als würde wirklich jedes Pferd, das er aus einer seiner Verkaufsboxen zerrt, hervorragend zu Ihnen passen. Spätestens wenn er Ihnen begeistert einen unterernährten kleinen Arabermix als ideales Reittier präsentiert, obwohl Sie – nichts für ungut – knapp zwei Zentner auf die Waage bringen, merken Sie, dass das nichts mehr mit ehrlicher Beratung zu tun hat.

Auch ein Händler, der Ihnen prinzipiell zuerst sein teuerstes Pferd im Stall aufzuschwätzen versucht, obwohl Sie ihm klipp und klar eine wesentlich niedrigere Preisgrenze genannt haben, meint es aller Voraussicht nach nicht ehrlich mit Ihnen. Natürlich muss jeder Händler, egal mit was er handelt, auch an seinen Profit denken, aber er sollte das nicht ausschließlich tun, zumal wenn er es mit lebender Ware zu tun hat.

Ein Vorteil des Pferdekaufs beim Händler ist, dass man meistens bereit ist, Ihnen günstige Konditionen einzuräumen, wie zum Beispiel ein sechswöchiges Rückgaberecht.

Das erscheint Ihnen jetzt – eingedenk der lebenden Ware – irgendwie unmenschlich? Lassen Sie sich eines gesagt sein, Pferdehandel hat mit Menschlichkeit in etwas so viel zu tun wie ein antiker Sklavenmarkt, egal ob Sie nun beim Händler oder sonst wo kaufen.

Von privat

Wenn Sie Ihr Pferd von Privatpersonen kaufen, so sind das in den seltensten Fällen Menschen, die Sie persönlich kennen. (Vielleicht werden Sie später verstehen, warum man einem Bekannten sein abgelegtes Reitpferd lieber nicht verkaufen will …)

»Von privat« heißt also lediglich »von einem anonymen Menschen, der keinen Gewerbeschein hat«. Und warum sollten Sie einem solchen Menschen eigentlich mehr vertrauen als einem Pferdehändler oder einem Auktionator? Warum auch immer, Sie werden es tun, vermutlich, weil man sich in der Gesellschaft von »normalen« Menschen meist besser fühlt als in der von professionellen Schwätzern.

An solche Privatverkäufer kommen Sie zumeist über die gängigen Anzeigenblätter, in denen die Pferdeangebote mit Foto abgedruckt sind. Wenn Sie dann zu einem Besichtigungstermin bzw. Probereiten zu den Verkäufern fahren, werden diese Ihnen auf eine etwas laienhaftere Händlermanier die Vorzüge des angebotenen Pferdes schildern und – anders als ein Händler – vielleicht sogar den einen oder anderen kleinen Nachteil zugeben.

Eine wichtige Frage, die Sie (mächtig schlau) den Verkäufern stellen ist: »Warum verkaufen Sie den eigentlich?«

Wenn Sie sich auf diese Art viele Pferde anschauen, werden Sie erstaunt feststellen, dass scheinbar 90 Prozent aller Pferde im Besitz junger Mädchen sind, die gerade Abitur machen oder gerade Ihren ersten Freund haben oder sonstige Pubertätsprobleme und leider keine Zeit oder Lust mehr haben, sich um ihr Pferd zu kümmern.

Die leidgeplagten Eltern müssen das Tier dann verkaufen, schweren Herzens versteht sich. Und schwer ist auch das Herz des Teenagers, denn er will das Pferd zwar nicht mehr haben, hat es aber trotzdem noch total lieb!

Sie sehen, es handelt sich um eine Tragödie, ein Notverkauf sozusagen. Und die Tatsache, dass diese Leute das Pferd verkaufen wollen, hat selbstredend überhaupt nichts mit der Qualität des Pferdes zu tun.

Nun, Sie könnten sich Ihre schlaue Frage, und damit dieses Geschwätz, auch sparen ...

Sie sind aber noch schlauer! Denn Sie verlassen sich nicht nur auf Geschwätz, Sie reiten das Pferd auch zur Probe!

Na ja, es ist Ihr erstes eigenes Pferd, oder? Sie sind mächtig aufgeregt beim Besichtigungstermin, hmm? Glauben

Sie allen Ernstes, eine Stunde hypernervösen Herumreitens unter den Augen der Noch-Besitzer gibt Ihnen Aufschluss darüber, ob das Pferd zu Ihnen passt? Eher nicht …

Aber wenigstens wollen Sie ausschließen, dass das Pferd krank ist. Deswegen lassen Sie es vor dem Kauf tierärztlich untersuchen. Sie machen eine

Ankaufsuntersuchung

Sie können viel Geld ausgeben für eine Ankaufsuntersuchung – trotzdem haben Sie keine Garantie, dass Ihr Pferd gesund ist. Es handelt sich bei dieser Untersuchung schließlich um eine Momentaufnahme. Schon am nächsten Tag können krankhafte Veränderungen auftreten, die am Vortag einfach noch nicht nachzuweisen waren.

Außerdem können Sie nicht jeden Knochen und jedes Organ im Pferdekörper untersuchen lassen. (Können Sie vielleicht schon, aber dann zahlen Sie dafür sicher ein Mehrfaches des Kaufpreises.)

Wenn Sie Glück haben, wird bei einer der Standarduntersuchungen ein Mangel am Pferd festgestellt, der Sie dann davon abhält, das Pferd zu kaufen. Trotzdem kann es natürlich sein, dass dieses »mangelhafte« Pferd noch Jahre lang gesund und munter ist, während ein bei der Untersuchung für gesund befundenes Pferd am nächsten Tag an Darmverschlingung eingeht.

Tierärzte, die solche Untersuchungen vornehmen, wollen natürlich auch für keine Fehlentscheidung verantwortlich sein. Deswegen sind sie auch Meister der vagen Vermutungen, die sich auf nichts festlegen lassen wollen.

Der Nutzen der Ankaufsuntersuchung ist also unter Umständen gering. Lassen Sie allerdings keine machen und

Ihr Pferd erkrankt eine Woche nach dem Kauf, werden Sie sich, und wohlmeinende Zeitgenossen Ihnen, nicht enden wollende Vorwürfe machen ...

Merke: Der Pferdekauf ist eine einfache Sache!
Sie können nur auf die Schnauze fallen!

3. Der richtige Stall

Es ist immer der falsche

Sie haben es also getan.

Sie haben ein Pferd gekauft.

Damit haben Sie Ihr Leben für die nächsten Jahre oder gar Jahrzehnte in eine ganz bestimmte Richtung gelenkt. Sie dürfen nicht vergessen, dass so ein Pferd unter Umständen dreißig Jahre alt werden kann! Und als verantwortungsvoller Mensch planen Sie ja, dass Ihr Pferd bei Ihnen alt werden soll. An einen Wiederverkauf denken Sie also (noch) nicht.

Einen gar nicht so kleinen Trost will ich Ihnen mit auf den Weg geben:

Als Pferdebesitzer werden Sie vermutlich schneller zum Nichtreiter werden!

Das glauben Sie mir jetzt vielleicht noch nicht, aber Sie wissen ja, ich habe Geduld.

Wo soll er nun eigentlich wohnen, Ihr neuer Sportkamerad? Sicherlich haben Sie sich darüber schon vor dem Pferdekauf viele Gedanken gemacht und haben Ihre nähere Umgebung nach einem passenden Stall abgesucht.

Ihr alter Schulbetrieb fiel dabei als erster aus der

Wertung. Die Haltungsbedingungen der Pferde dort sind einfach eine Katastrophe. Davor haben Sie als Schulreiter schließlich schon jahrelang die Augen verschlossen, Ihrem eigenen Pferd wollen Sie so etwas aber nicht zumuten.

Auch die Reitställe, die Sie als Reitbeteiligung kennen gelernt haben, gefielen Ihnen nicht übermäßig. Sie haben nun also ein Pferd aber keinen passenden Stall. Sie stecken in einem Dilemma ...

Gehen wir gewohnheitsmäßig mal wieder vom ungünstigsten Fall aus. Sie wohnen in einer dicht besiedelten Gegend, in einem großstädtischen Ballungsgebiet. Dann haben Sie das Problem, dass es zwar etliche Ställe in Ihrer Umgebung gibt, die aber alle daran kranken, dass sie den Pferden keinen artgerechten Lebensraum bieten. Wenn es überhaupt Ausläufe gibt, dann sind sie zu klein und es gibt zu wenige davon. Das Wort »Koppel« gilt schon als Fremdwort.

Wenn Sie Ihrem Pferd also nicht das Leben eines Einzelhäftlings zumuten wollen, sind Sie gezwungen ins Umland auszuweichen. Aber auch dort machen Sie eine erschreckende Feststellung:

Es gibt entweder reiterfreundliche oder pferdefreundliche Ställe.

Da gibt es tatsächlich landschaftlich sehr schön gelegene Reitställe, die alles bieten, was das Reiterherz begehrt. Hallen, Reitplätze, Solarien, Führmaschinen, Waschplätze fürs Pferd und Duschen für den Reiter, anbei auch noch ein nettes Ausflugslokal, herrliche Reitwege – aber fürs Pferd die gleichen 08/15-Gitterboxen und die gleichen winzigen Einzelausläufe, die Sie schon aus der Stadt kennen. Warum ist das so? Schließlich gibt es doch auf dem Land genug Platz für große Koppeln, vielleicht sogar die Möglichkeit zum Bau eines Offenstalles?

Wenn Sie in solch einem Pferde-Gefängnis auf der grünen Wiese solche ketzerischen Fragen stellen, bekommen Sie die Standardauswahl an dumpfen Antworten: »Unsere Einsteller wollen Ihre Pferde nicht in Gruppen rausstellen, die Verletzungsgefahr ist zu groß.«, »Nun, wissen Sie, wir haben hier Sportpferde!«, »Die Pferde würden nur die Wiesen zertrampeln – außerdem kloppen die sich doch eh nur.«

Natürlich geht es auch anders. Es gibt sie wirklich, die Pensionsställe mit Paddockboxen und täglichem Koppelgang, die von friedlichen Pferdegruppen bewohnten Offenställe. Dort fehlen dann aber leider die Reithallen, die es Ihnen als berufstätigem Menschen ermöglichen, auch im dunklen Winter und bei schlechtem Wetter Ihrem Hobby nachzugehen.

»Es gibt kein schlechtes Wetter, nur falsche Kleidung«, erwidert darauf der Frischluftfanatiker. »Außerdem reicht doch auch ein beleuchteter Außenreitplatz!«

Und dann müssen Sie zugeben, dass Sie es sich partout nicht vorstellen können, nach Dienstschluss in schlammigen Ausläufen herumzurutschen, um Ihr Pferd zu suchen, damit Sie es anschließend im strömenden Regen auf dem sparsam beleuchteten Platz reiten können, auf dem seit Tagen »Land unter« herrscht. Womit dem Offenstallfanatiker bewiesen wäre, dass Sie kein wahrer Tierfreund sein können. Sie sind ein Weichei, das seine eigene Bequemlichkeit über das Wohl seines Pferdes stellt. Pfui!

Vielleicht kontern Sie jetzt auch noch halbherzig, dass Sie aber sehr wohl schon von Offenställen gehört haben, deren Ausläufe eine vernünftige Drainage haben und die – jawohl! – sogar eine Halle anbei haben!

»Vielleicht in Norddeutschland«, erwidern darauf die Matschreiter, »aber hier net!«

Oh weh, sollten Sie tatsächlich ein heimatloser Exot sein? Sie wollen Auslauf und frische Luft für Ihr Pferd, gleichzeitig aber auch eine annehmbare Reit-Infrastruktur? So etwas muss es doch irgendwo geben!

Wenn Sie Glück haben, finden Sie nach langer Suche einen Stall, der Ihren Vorstellungen annähernd entspricht. Auf die eine oder andere Art müssen Sie zwar Kompromisse schließen, aber wenn Ihre Stallsuche wirklich entnervend war, lassen Sie sich irgendwann auch auf den faulsten Kompromiss ein. Aber trösten Sie sich, es wird vermutlich nicht Ihr letzter Stall sein. Die meisten Pferdebesitzer ziehen häufig mit Ihren Pferden um, immer auf der vergeblichen Suche nach dem besseren Stall. Denn außer den grundlegenden Haltungsbedingungen gibt es noch viel mehr, was nicht stimmen kann!

Haben Sie ein Pferd, das zu dick ist und wenig Heu bekommen soll, können Sie drauf wetten, dass in der Box Ihres Pferdes immer Unmengen Futter liegen, obwohl Sie in riesigen Lettern »Bitte wenig Heu« an die Boxentür geschrieben haben. Besitzen Sie dagegen einen Hungerhaken, ist es äußerst wahrscheinlich, dass Ihr Stallbetreiber hartnäckig mit dem Futter knausert, mit dem Hinweis, dass »die Pferde von den anderen Leuten, ja auch nicht zu dünn sind.«

Sollten Sie Reitunterricht nehmen wollen oder Ihr Pferd in Beritt geben, wird ausgerechnet in Ihrem Reitstall ein Reitlehrer beschäftigt sein, den Sie auf den Tod nicht ausstehen können.

Wenn Sie hauptsächlich ausreiten wollen, wird Ihr Reitgelände unglücklicherweise von mehreren Bundesstraßen durchzogen sein und Sie sehnen sich verzweifelt nach einem Ausritt ohne stressige Straßenüberquerungen.

Möglichkeiten, mit einem Stall unzufrieden zu sein, gibt es viele, und egal wie viel Zeit Sie mit der Suche nach dem richtigen Stall verbringen, Sie werden irgendwann erkennen:

Es ist immer der falsche!

4. Die Ausrüstung des Pferdes

Jetzt wird richtig Geld ausgegeben!

Sollten Sie ein Pferd von privat gekauft haben, das sein Heu schon länger mit dem Gerittenwerden verdient hat, dann haben Sie es vielleicht gleich mitsamt seiner Ausrüstung, sprich Sattel, Trense etc., erworben. Das fanden Sie mächtig schlau von sich, weil Sie bislang noch nie in der Verlegenheit waren, ein Pferd ausrüsten zu müssen und ergo auch keine Erfahrung darin haben. Sie haben aber sehr wohl von anderen Reitern schon gehört, dass es wahnsinnig schwierig ist einen passenden Sattel zu finden. Und dieser Schwierigkeit haben Sie nun ein Schnippchen geschlagen, indem Sie Sattel und Pferd gleich gemeinsam gekauft haben!

Wie so oft irren Sie sich gründlich.

Die Annahme, dass ein Sattel passt, nur weil ein Pferd schon jahrelang damit rumläuft, ist leider falsch. Pferde sind sehr leidensfähige Geschöpfe und schreien nicht laut auf, wenn ihnen etwas unangenehm ist. Wenn Sie ständig mit zu kleinen Schuhen rumlaufen müssten, würden Sie ganz anders reagieren …

Gehen Sie also ruhig davon aus, dass Ihr erster selbst gekaufter Sattel eine komplette Niete ist. Wahrscheinlich merken Sie es nicht sofort, aber spätestens, wenn Sie irgendwelche Leute um Rat fragen, warum denn Ihr Pferd nur so verspannt ist, lässt die gnadenlose Degradierung Ihres Sattels nicht lange auf sich warten.

Der Sattel bleibt der Hauptschuldige aller reiterlichen Probleme, bis Sie nach dem Kauf eines neuen Sattels feststellen, dass sich dadurch nichts geändert hat ...

Aber so weit sind wir noch nicht. Gehen wir also frohgemut in das Reitsportgeschäft, das wir schon aus Kapitel I kennen und kaufen mal so richtig ein!

Sattel

Sie haben die Wahl zwischen einem neuen und einem gebrauchten Sattel. Egal, wofür Sie sich entscheiden, der Auswahlprozess wird die gleiche Tortur werden, aber der gebrauchte Sattel hat natürlich den eindeutigen Vorteil eines niedrigeren Kaufpreises.

Da Sättel im Allgemeinen eine teure Anschaffung sind, haben sich Gebrauchsattelbörsen als fester Bestandteil des Marktes etablieren können. Jedes größere Reitsportgeschäft hat auch gebrauchte Sättel im Angebot.

Ob neu oder gebraucht, der Markenname ist eine wichtige Sache beim Sattelkauf. Nicht etwa, weil ein No-Name-Sattel Ihrem Pferd zwangsläufig schlechter passt als ein Markensattel, aber er wird von Ihren Stallgenossen nicht goutiert werden. Und spätestens wenn Sie in der Sattelkammer zum zehnten Mal das gleiche Gespräch geführt haben (»Was haben Sie denn da für einen Sattel? Ach, kein Markensattel? Nein, also, so etwas käme auf mein Pferd ja nicht ...«), werden Sie sich wünschen, 500 Euro mehr ausgegeben zu haben, wenn Ihnen nur diese ewigen Kommentare erspart blieben.

Sie haben sich also zum Kauf eines neuen Markensattels entschieden? Ich sehe, Sie wissen, worauf es ankommt!

Jetzt haben Sie nur ein Problemchen. Sie können Ihr Pferd leider nicht mit ins Reitsportgeschäft nehmen, damit es eine Auswahl an Sätteln anprobiert.

Wiederum haben Sie zwei Möglichkeiten. Entweder Sie lassen sich gegen ein Pfand einige Sättel aus dem Geschäft mitgeben, um sie zu Hause auszuprobieren oder Sie bestellen jemanden aus dem Geschäft mit einer Sattelauswahl in Ihren Stall. Wenn Sie sich für Letzteres entscheiden, haben Sie natürlich gleich einen (vermeintlichen) Fachmann dabei, der Ihnen bei der Auswahl hilft.

Es wird eine unendliche Geschichte werden, bis Sie endlich für Ihren Markensattel 1500 Euro auf den Tisch legen dürfen. Sie werden unzählige Sättel ausprobieren bis endlich ein passender dabei ist – und die gesamte Stallgemeinschaft wird daran teilhaben. Jeder wird einen guten Tipp für Sie haben (auch wenn es immer der gleiche aus zehn verschiedenen Mündern ist), und der Sattel den Ihnen der eine wärmstens empfiehlt, wird vom nächsten verteufelt werden. Also reiten Sie weiter Probe, schleppen Sättel aus dem Geschäft in den Stall und aus dem Stall zurück ins Geschäft ...

Der Sattelkauf macht keinen Spaß!

Und wenn Sie dann endlich doch fündig geworden sind und einen Sattel erworben haben, mit dem Sie sich sehen lassen können und der nach einhelliger Meinung auch gut auf Ihr Pferd passt, werden doch einige die Nase über Sie rümpfen.

»Warum haben Sie sich nicht gleich einen Maßsattel machen lassen?«

Ja, warum eigentlich nicht? Weil er doppelt so teuer ist wie Ihr Sattel von der Stange? Bah, Sie Pfennigfuchser, denken Sie lieber an den Rücken Ihres Pferdes als an Ihre Börse! Lassen Sie sich einen Maßsattel aufschwätzen und lassen Sie sich zwei Wochen später von einem Stallkollegen belehren, dass der Sattel leider gar nicht richtig passt und die Sattlerfirma sowieso nichts taugt.

Ich wünsche Ihnen viel Freude mit Ihrem neuen Sattel!

Was man sonst noch braucht

Mit dem Sattelkauf haben Sie das Schlimmste hinter sich gebracht. Die restliche Ausrüstung können Sie bequem im Geschäft auswählen, ohne sie ständig hin und her schleppen zu müssen.

Ein Zaumzeug brauchen Sie natürlich auch noch zum Reiten. Was die Lederteile angeht, kaufen Sie einfach das Teuerste, weil das ja sicher auch am längsten hält. (Warten Sie's ab ...)

Die Auswahl des Trensengebisses ist schon wieder eine Glaubensfrage. Soll es dick, dünn, einfach oder doppelt gebrochen, mit oder ohne Apfelgeschmack, aus weltraumtauglichem Metall, Gummi oder Leder sein? Lassen Sie sich von der netten Verkäuferin beraten! Die hat auch keine Ahnung, aber es wird mit Sicherheit nicht das letzte Gebiss sein, das Sie kaufen, und mit irgendeinem müssen Sie ja anfangen. Nehmen Sie ein pferdefreundliches!

Dann brauchen Sie noch allerhand Krimskrams wie zum Beispiel Gamaschen. Alle Welt reitet mit Gamaschen, deswegen brauchen Sie auch welche. Vermutlich würde Ihr Pferd sich auch ohne diese Dinger kein einziges Mal am Bein verletzen, das ist aber egal. Sie müssen sie kaufen! Auch hier gibt es eine Riesenauswahl, aber diesmal dürfen Sie sich einen kleinen Gefallen tun und die billigsten kaufen. Das werden Sie erst bereuen, wenn sich Ihr Pferd doch an den Beinen verletzt.

Vergessen Sie ja nicht, sich eine komplette Longierausrüstung zuzulegen, bestehend aus Longe, Longiergurt, Ausbindern und Kappzaum. Es wird in Ihrem Leben als Pferdebesitzer Zeiten geben, in denen Sie weder reiten dürfen noch wollen. Sie werden sehr erleichtert sein, wenn Sie Ihr Pferd stattdessen an die Leine nehmen können!

So, was fehlt uns jetzt noch? Natürlich, eine Satteldecke brauchen Sie ja auch noch. Und nicht nur eine, nehmen Sie lieber gleich mehrere. Vielleicht eine aus dunkelrotem Samt, eine weiße Dressurschabracke und eine sportlich grüne Vielseitigkeitsdecke. Ja, und die aus weltraumgetesteten Latexmaterial können Sie auch noch mitnehmen!

Wo wir nun schon einmal bei den Decken sind, steht eine weitere Gewissensentscheidung ins Haus. Wie viele Decken braucht Ihr Pferd?

Wenn Sie der Verkäuferin offenbaren, dass Sie zwar ein Pferd aber noch keine einzige Decke besitzen, wird sie Ihnen gerne ein vollständiges Sortiment zusammenstellen, bestehend aus einer Thermodecke, einer Weidedecke, einer Regendecke, einer Übergangsdecke, einer Sommerdecke, einer Fliegendecke, einer Abschwitzdecke und einer Transportdecke (mit farblich dazu passenden Transportgamaschen zum supergünstigen Setpreis).

Das kommt Ihnen ziemlich übertrieben vor? Da haben Sie wohl Recht. Wenn Sie einen Rat von mir annehmen wollen, dann kaufen Sie die Abschwitzdecke, die werden Sie häufiger mal brauchen, und eine einfache Stalldecke ohne Thermo, die Sie benutzen können, um Ihr Pferd warm zu halten, wenn es krank ist, und die auch als Transportdecke taugt. Mehr Decke braucht Ihr Pferd nicht.

Oder etwa doch? Das hängt damit zusammen, wie Sie Ihr Pferd prinzipiell umsorgen und pflegen. Aber das ist schon wieder ein anderes Thema …

Gehen Sie jetzt erst mal zur Kasse und zahlen Sie Ihre Rechnung! Sie werden sehen, ich habe Ihnen nicht zu viel versprochen!

Das war richtig teuer!

5. Fütterung und Pflege

Was man noch alles falsch machen kann

Schon bei den einfachsten Verrichtungen der täglichen Pferdepflege haben Sie die Möglichkeit alles falsch und sich selbst zum kompletten Idioten zu machen. Was in Ihrem Falle richtig und was falsch ist, hängt natürlich davon ab, welche Haltungsform Sie für Ihr Pferd gewählt haben und welchen Grad der Verblödung Ihre Stallgemeinschaft erreicht hat.

Für einen Robustpferdereiter mag es in Ordnung sein, vor dem Reiten mal kurz die Sattellage des Pferdes von den dicksten Schlammklumpen zu befreien, und damit hat sich die Fellpflege. In einem ambitionierten Dressurstall dagegen sollten Sie Ihr Pferd von Kopf bis Huf auf Hochglanz polieren. Vielleicht noch ein bisschen Glanzspray in die Mähne?

Wie sauber ein Pferd zu sein hat, ist also Geschmackssache, wirklich dämlich wird die ganze Sache eigentlich erst dann, wenn Sie Ihr Pferd krank pflegen. Es soll ja tatsächlich Leute geben, die mit Scheuerpulver (!) an Ihren Pferden herumschrubben, damit auch ja jedes Mistfleckchen aus dem Fell verschwindet. Besonders geplagt von solchen gnadenlosen Putzaktionen sind Schimmel, die ihr weißes Fell leider immer wieder mit hässlichen braungelben Flecken verunzieren. Da kennt dann die Putzwut so manchen Besitzers keine Grenzen mehr ...

Bevor Sie Ihrem Pferd eine Hautkrankheit »anputzen«, warten Sie einfach ein bisschen. Krank wird es bald von selber sein!

Die Barbiefraktion unter den Reiterinnen findet es nach wie vor total süß, die Mähnen und Schweife ihrer Pferde jeden Tag aufs Neue mit possierlichen Zopfkreationen zu schmücken. Tja, das ist wohl wirklich Geschmackssache ...

Von modischen Tändeleien mal abgesehen gibt es im Bereich der Pferdepflege aber natürlich auch richtige Glaubenskriege. Die Hufpflege ist so ein unerschöpflicher Streitgegenstand.

Manche Leute erfreuen die Reitartikelbranche damit, dass Sie die Hufe ihres Pferdes jeden Tag mit irgendeinem teuren Lorbeeröl einfetten. Andere verteufeln diese Art der Hufpflege wiederum aufs Eindringlichste. Diese Fette behindern nur den natürlichen Feuchtigkeitshaushalt des Hufes, sagen die Kritiker. Damit mögen sie wohl auch recht haben, nur leider versäumen diese Oberschlauen meistens, ihrem Pferd außerhalb seiner warmen, trockenen Box irgendwo die Möglichkeit zur natürlichen Feuchtigkeitsaufnahme zu geben ...

Wirklich willenlose Pferdebesitzer oder solche, die über den schlechten Hufen ihres Pferdes schon das letzte bisschen Verstand verloren haben, bestellen sich allerdings *Zauberöle!* Die sind so teuer, das sie einfach wirken müssen und außerdem noch nach einem Geheimrezept hergestellt. Ist das nicht grandios?

Tiefe Gräben tun sichauf zwischen Pferdebesitzern, die ihre Pferde beschlagen lassen und solchen, die ihre Tiere barfuß laufen lassen. Leider gibt es wie immer in beiden Lagern unbelehrbare Dogmatiker. Die einen behaupten steif und fest, dass man mit einem unbeschlagenen Pferd auf keinen Fall ins Gelände reiten darf, weil früher oder später die Hufe völlig ausbrechen und eingetretene Steinchen unweigerlich Hufgeschwüre produzieren. Das ist nicht unweigerlich so und viel zu viele gesunde Pferdehufe werden mit Eisen und Nägeln traktiert, die sie gar nicht brauchen, ja die sogar die Durchblutung empfindlich stören.

Genauso dämlich ist es aber auch zu behaupten, dass jedes Pferd ohne Hufeisen besser läuft. Pferde sind genauso wenig perfekt wie Menschen. Und einem Fußkranken sollte man sein orthopädisches Schuhwerk ja auch nicht unbedingt mit dem Hinweis wegnehmen, dass es sich »natürlich« am besten läuft …

Nicht verschwiegen werden darf in diesem Zusammenhang auch die leidige Deckchendiskussion. Wie viel Decke braucht ein Pferd? Und: Lässt sich durch frühzeitiges Eindecken (manche beginnen damit Ende August) der Pferdestoffwechsel so weit austricksen, dass er kein langes Winterfell produziert?

Aber wärmt nicht eigentlich ein dichter Winterpelz am besten?

Wenn es ein langes Fell hat, ist das Pferd aber nach dem Reiten immer so verschwitzt, und wenn es dann einen Zug kriegt, erkältet es sich vielleicht, und überhaupt, wenn mir kalt ist, dann friert mein Pferd doch sicher auch, oder?

Außerdem macht sich ein eingedecktes Pferd nicht so schmutzig. Ende der Diskussion!

Auch bei der Fütterung können Sie viel falsch machen.

Sie können Ihr Pferd nur mit Heu und Hafer füttern. Das ist so lange richtig, bis Ihr Pferd Beschwerden irgendeiner Art hat. Dann können Sie so richtig in den Zusatzfutterterror einsteigen! Gegen Verspannungen kaufen Sie Vitamin E, gegen brüchige Hufe Zink und Biotin, und sollte Ihr Pferd ungenügend bemuskelt sein, sollten Sie noch ein pflanzliches Anabolikum erwerben. Gibt‘s alles ganz praktisch im Versandhandel!

Am besten stopfen Sie Ihr Pferd einfach mit so vielen Mineralien wie möglich voll, das macht im Zweifelsfall immer einen guten Eindruck. Sie wollen doch sicher der Welt beweisen, dass Ihnen für Ihr Pferd nichts zu teuer ist?

Man fragt sich wirklich, wie die Pferde früher überlebt haben, als die Industrie noch nicht so hervorragende Futterpräparate produziert hat!

Von der Haferfütterung werden Sie auch ganz schnell abkommen, sobald Ihr Pferd mal mehr Temperament als erwünscht gezeigt hat. Sie müssen nämlich wissen, dass zu viel Hafer ein Pferd »spinnen« lässt. Anstatt Ihrem Ross also ausreichend Bewegung und Abwechslung zu gönnen, um es ausgeglichener werden zu lassen, können Sie auch einfach auf ein haferfreies Müslifutter umstellen!

Hören Sie sich die Tipps Ihrer Reiterkameraden in punckto Fütterung und Pflege ruhig an! Machen Sie sich Ihre eigenen Gedanken dazu und ziehen Sie die einzig vernünftige Schlussfolgerung:

Die Borniertheit vieler Reiter kennt keine Grenzen!

6. Bereiter ...

Bereit, ausgenommen zu werden?

»Jetzt hab ich ein Pferd
und kann es nicht reiten,
darum lass ich's bereiten beizeiten ...«

...dichtete einst ein guter Freund und ehemaliger Reitlehrer von mir. (Was ganz nebenbei auch als Beweis dafür dienen kann, dass man als Nichtreiter sehr wohl auch mit Reitern befreundet sein kann!)

Natürlich haben Sie nicht vor, Ihr Pferd bereiten zu lassen. Die wenigsten Leute planen das. Wieso sollten Sie schließlich einem Fremden Geld dafür bezahlen, dass er Ihr Pferd reitet? Sie haben sich ein Pferd gekauft, um es selbst zu reiten, aus schierer Freude am Reiten. Und sollten Sie mal keine Zeit haben, dann werden Sie eine liebe Bekannte bitten, sich einmal um Ihr Pferd zu kümmern, oder Sie suchen sich eine fitte Reitbeteiligung.

Schöne Pläne haben Sie da! Doch, klingt gut! Ins Grübeln werden Sie erst geraten, wenn die schiere Freude ein wenig nachlässt, was je nach Pferd früher oder später passieren wird, aber passieren wird es auf alle Fälle!

Was machen Sie denn nun, wenn Sie feststellen müssen, dass Ihr Pferd in der Dressur immer schwungloser läuft, sich nicht willig an den Zügel reiten lässt und fast schon genauso daherlatscht wie die Schulpferde, die Sie früher nie reiten wollten? Oder wenn es sich beim Springen schon in der Lösungsphase derartig aufheizt, dass Sie nur noch hilflos und panisch auf dem durchgedrehten Pferd sitzen können? Oder wenn es im Gelände plötzlich selbständig beschließt, dass der Ausritt nun lange genug gedauert hat, auf dem Absatz kehrt macht und zum Hof zurück galoppiert?

Ja, dann wird es Ihnen schwer fallen, eine nette Bekannte zu finden, die Ihnen bei diesen Problemen helfen kann. Die netten Bekannten haben nämlich Ihre eigenen Probleme.

Die Idee mit der Reitbeteiligung lassen Sie gleich unter den Tisch fallen. Sie waren selber lange Zeit eine und wissen, wie viele Knalltüten Sie sich ansehen müssten, bevor Sie vielleicht jemanden finden, der fähig ist und zuverlässig.

Was bleibt Ihnen also anderes übrig, als einen Profi zu engagieren!?

In jedem Stall gibt es Leute, die sich als Bereiter verdingen. Viele machen das nicht hauptberuflich. Häufig sind das einfach gute Reiter, – oder solche, die sich aus unerfindlichen Gründen dafür halten – die sich mit Beritt ein paar Mark dazu verdienen wollen.

Wenn Sie Glück haben, finden Sie unter diesen Freizeit-Bereitern jemanden, der für verhältnismäßig wenig Geld Ihr Pferd wirklich gut reitet. Dann haben Sie das Vergnügen, beobachten zu können, wie Ihr Pferd unter einem anderen Reiter gut geht. Ob das dann irgendetwas an den Problemen ändert, die *Sie* mit Ihrem Pferd haben, sei dahin gestellt.

Vielleicht wollen Sie aber lieber einen wirklich professionellen Bereiter. Da müssen Sie dann allerdings schon ein paar Mark mehr auf den Tisch legen. Eine halbe Stunde Beritt kostet Sie dann unter Umständen so viel wie eine durchschnittliche Handwerker-Arbeitsstunde. Was Sie aber auch bereit sind zu zahlen, weil Sie sich gutes Handwerk erhoffen.

Solche Profi-Bereiter, häufig eine Kombination aus Bereiter und Reitlehrer, sind entweder bei einem Reitstall fest angestellt oder ziehen quasi als Wanderprediger von Kunde zu Kunde und von Stall zu Stall. Vor allem in letzterem Falle ist Mundpropaganda für den Bereiter besonders wichtig. Er muss zufriedene Kunden haben, die ihn an andere weiterempfehlen. (»Du musst dein Pferd unbedingt beim Harald in Beritt geben. Der ist ja sooo einfühlsam und sooo gut nachzureiten!«)

Als ausschlaggebendes Qualitätsmerkmal für einen Bereiter gilt die Frage, ob er gut »nachzureiten« ist oder nicht.

Das bedeutet in der verquasten Reitersprache, dass Ihr Pferd nicht nur unter dem Bereiter gut läuft, sondern dass auch Sie selber beim Reiten einen positiven Effekt des Beritts verspüren und besser mit Ihrem Pferd zurechtkommen.

Und tatsächlich merken Sie, dass Ihr Pferd nach einer Berittstunde zunächst auch bei Ihnen besser läuft. Die Erinnerung an den unerbittlichen Bereiter, der alle Tricks kennt, wirkt in Ihrem Reittier noch nach – bis es irgendwann merkt, dass doch nur wieder Sie auf ihm sitzen, gutmütig und nachgiebig wie immer, und es langsam aber sicher in die alten Verhaltensmuster zurückfällt.

Ihr Weg führt also scheinbar unausweichlich in die (teure) Abhängigkeit von einem professionellen Bereiter. Dessen brauchen Sie sich aber nicht unbedingt zu schämen, das geht sogar besseren Reitern als Sie es sind nicht anders. Bei manchen Turnieren kann man auf dem Abreiteplatz beobachten, dass der Bereiter erst wenige Augenblicke vor dem Beginn der Prüfung den Platz im Sattel mit dem Pferdebesitzer tauscht ...

Worüber Sie aber einmal nachdenken sollten, ist, ob Sie als durchschnittlich begabter Reiter überhaupt die reiterlichen Qualitäten des Bereiters angemessen beurteilen können. Ist der denn überhaupt sooo einfühlsam? Hat er nicht vielleicht einfach ein paar gute Tricks auf Lager, mit denen er Ihr Pferd dazu bringt, den Kopf runterzunehmen und artig vorwärts zu gehen? Läuft Ihr Pferd wirklich locker und entspannt unter diesem Bereiter oder lediglich in einer gefälligen Zwangshaltung? Wissen Sie, wie der Bereiter reitet, wenn Sie mal nicht zusehen? Schnürt er Ihr Pferd dann vielleicht mit Schlaufzügeln zusammen, um es gefügig zu machen? Ist er wirklich ein guter Handwerker oder nur ein gut aussehender Blender? Und wer hat dann das meiste von dem teuren Beritt? Sie, Ihr Pferd oder das Portemonnaie des Bereiters?

Diese Fragen sollten Sie sich unbedingt stellen, denn es gibt genug schwarze Schafe unter den Bereitern. Aber wenn Sie selbst nur ein bisschen aufmerksam und einfühlsam sind, sollte es Ihnen eigentlich nicht schwer fallen, das richtige Urteil zu fällen. Lassen Sie sich nicht von großen Worten und einem schneidigen Aussehen täuschen!

Unter Umständen ist es besser, wenn Sie selber auf Gedeih und Verderb versuchen, mit Ihrem Pferd ein Auskommen zu finden. Sie wollten es doch haben, oder? Sie wollten es doch reiten?

Mögen Sie eigentlich Gedichte?

Jetzt hab ich ein Pferd
und kann es nicht reiten ...

7. ... und andere Mitreiter

Noch mehr Grenzdebile

Wenn sich jemand jahrelang täglich mit dem Reitsport beschäftigt, ist nicht zu erwarten, dass er geistig normal bleibt. Manche mutieren zu gemeingefährlichen Irren, die meisten werden nur ein bisschen merkwürdig, aber eine Macke haben sie alle.

Da gibt es den berüchtigten Geländefreak, der seinen (leider kreuzbraven) Gaul in Wald und Flur über jedes erdenkliche Hindernis scheucht und mit freudigem »Horrido!« auch schon mal über einen Kinderwagen hinwegspringt, weil er nach seinem Sprung über den Stacheldrahtzaun nicht mehr so schnell ausweichen konnte. Das ist dann einer von der Sorte »Leitender Angestellter mit viel Personalverantwortung«, der am Wochenende einfach nur Entspannung in der freien Natur sucht. Unter der Woche müssen dann Frau und Tochter sehen, wie sie das lädierte Pferd wieder zusammenflicken …

Dann sind da noch die feinen Damen der Gesellschaft, die im Grunde fürchterliche Angst vor ihren Pferden haben und am liebsten ihrem Bereiter beim Reiten zusehen, aber jedem, der es hören will oder auch nicht, endlose Geschichten über den »großen Sport« erzählen.

Die wahre Basis des Pferdesports sind aber die unzähligen Reitweiber, die ihren nichtreitenden Lebenspartner sofort nach Sibirien verkaufen würden, wenn das dem Wohle ihres Hottis (doch, die reden wirklich so!) zuträglich wäre. Diese Frauen haben in ihrer Verblendung ein Maß an Selbstaufopferung erreicht, das schon wieder fast bewundernswert ist. Sie fahren mit schrottreifen Autos durch die Gegend, in denen sie säckeweise Pferdefutter transportieren und um einen Kurs für spirituelles Reiten bei Bea Bachblüte für sich und ihr Pferdi (auch ein durchaus gebräuchliches Unwort!) zu finanzieren, nehmen sie schon mal einen Zweitjob als Raumpflegerin an. Diese Menschen sind wirklich krank!

Aber egal, welcher Sorte Reitneurotiker Sie in Ihrer Laufbahn begegnen, eines haben sie alle gemeinsam:

Reitdebile sind süchtig nach Hiobsbotschaften!

Besonders beliebt sind Unfälle und Pferdekrankheiten, aber auch von ernsten reiterlichen Problemen hört man immer wieder gern etwas. Und egal, mit welchem abstrusen Unglück Sie geschlagen sind, sobald Ihre »Stallgemeinschaft« Wind davon kriegt, können Sie sich vor den ganzen Erfahrungsberichten, Anekdoten und gut gemeinten Tipps zu diesem Thema nicht mehr retten!

Sie werden Ihren Ohren nicht trauen, wenn Sie zum ersten Mal die Berichte hören über

- das Pferd, das für 75000 Euro versteigert wurde und vom nächsten Tage an bis zu seinem Lebensende stocklahm war
- das Pferd, das bei jeder Hängerfahrt einen Kolikanfall hatte
- das Pferd, das sich beim Sprung über den Koppelzaun die Bauchdecke aufschlitzte
- das Pferd, das beim Freilaufen in der Halle in den Spiegel sprang und verblutete
- die Reiterin, die im Gelände stürzte, im Steigbügel hängen blieb und von ihrem Pferd zu Tode geschleift wurde

Im Anhören dieser Schauergeschichten werden Sie im Laufe der Zeit eine gewisse Routine bekommen und auch im rechten Moment weghören. Denn irgendwann wird Ihnen klar, dass man Ihnen diese Geschichten erzählt, ohne Ihnen in irgendeiner Art und Weise damit helfen zu wollen. Die Litanei wird einfach heruntergebetet, ob diese speziellen Schrecken nun gerade zu Ihrem augenblicklichen Leid passen oder nicht.

Vielleicht ist diese Unglückssucht so etwas wie ein Stammesritual zur Abwehr böser Geister, wer weiß …

Es gibt auch nette Reiter. Sicher. Aber das sind dann Menschen, die als Nichtreiter genauso nett wären. Verstehen Sie, was ich meine? Die sind nicht nett, *weil* sondern *obwohl* sie reiten!

Und vergessen Sie nie:

Reitsucht kann zur völligen Verblödung führen!

8. Das kranke Pferd

Der Normalzustand Ihres Pferdes

Es würde zu weit führen, an dieser Stelle sämtliche Pferdekrankheiten aufzulisten. Blättern Sie einige Ihrer Reiterzeitschriften durch, dann werden Sie merken, dass Krankheiten ein bestimmendes Thema sind! Oder studieren Sie mal einen Farbatlas der Pferdekrankheiten. Erschrecken Sie nicht zu sehr vor den scheußlichen bunten Bildern, denn eines ist gewiss:

Ihr Pferd wird krank werden!

Zu den besonders beliebten und hartnäckigen Krankheiten zählen die Lahmheiten. An einem lahmen Pferd können Sie problemlos jahrelang herumtherapieren, ohne je zu erfahren, warum es überhaupt lahmt. Nicht selten ist ein Laie selbst bei angestrengter Beobachtung der vier Pferdefüße auch gar nicht in der Lage zu beurteilen, ob das Pferd überhaupt lahmt oder nicht. Wenn Sie also ein eher nervös veranlagter Mensch sind und ein Pferd besitzen, das zu Lahmheiten neigt, dann können Sie die nächsten Jahre getrost damit verbringen, Ihrem Pferd angstvoll auf die Beine zu starren und sich Sorgen zu machen.

Vielleicht neigt Ihr Pferd aber auch zu Koliken, dann wird Ihr Dasein ein bisschen spannender werden. Dann leben Sie nämlich in der ständigen Angst, dass Ihr Pferd durch falsches Futter oder schlicht durch Aufregung vom Tod durch Darmverschluss bedroht ist. Beobachten Sie es also genau und achten Sie auf die ersten Anzeichen! Horchen Sie nach Darmgeräuschen! Schauen Sie, ob es beim Fressen auch einen zufriedenen Gesichtsausdruck hat! Und regen Sie sich nicht gleich so auf, schlimmstenfalls zahlen

Sie 2500 Euro für eine Operation und Ihr Pferd stirbt trotzdem. Eine ganz normale Pferdegeschichte ...

Manche (viele?) Krankheiten sind quasi berufsbedingt, d.h. wenn das Pferd nicht geritten würde, hätte es derlei Probleme nicht. Rückenprobleme gehören in diese Kategorie, Sehnenleiden, die durch Überforderung entstanden sind und natürlich stressbedingte Krankheiten. Viele Reiter lassen Ihre Pferde in solchen Fällen immer wieder für teures Geld zusammenflicken, um sie anschließend wieder krank zu reiten. Und solange sie sich das finanziell leisten können, wird sie auch niemand davon abhalten ...

Wie, Ihrem Pferd geht es nicht gut? Es läuft seit einiger Zeit nicht mehr taktrein, ja manche behaupten sogar, es lahmt? Sein Allgemeinzustand ist auch nicht der beste, und es frisst schlecht? Sie machen sich furchtbare Sorgen und Vorwürfe, schlafen schlecht und wollen endlich wissen, was mit Ihrem Tier los ist und wie Sie ihm helfen können?

Tipp von mir: Verkaufen Sie die blöde Reitausrüstung und schicken Sie Ihr Pferd in den Ruhestand!

Schon gut, schon gut, Sie müssen nicht gleich beleidigt sein! Sie dürfen meinetwegen auch das Standardprogramm durchziehen, bevor Sie meine Ratschläge endlich beherzigen! Aber ich warne Sie, danach werden Sie einiges an Geld und Nerven ärmer sein!

Beginnen wir also unsere Reise in das Reich der Quacksalber und Gesundbeter mit dem Rat von »erfahrenen Pferdeleuten«.

Sobald Sie den Verdacht hegen, dass etwas mit Ihrem Pferd nicht stimmt, werden Sie Leute um Rat fragen, die Sie für kompetent halten. Das sind dann meistens Reiter, die schon lange dabei sind und im Stall in dem Ruf stehen, alles über Pferde zu wissen.

Das wird dazu führen, dass Sie erstens eine Menge Horrorgeschichten zu hören bekommen, die mit Ihrem eigentlichen Problem gar nichts zu tun haben, und zweitens einige Hausrezepte empfohlen bekommen, die Sie unbedingt anwenden sollen. Also stellen Sie brav entweder Heilerdewickel her oder Sie lassen in der Apotheke Bachblüten mischen oder Sie bestellen aus dem Versandhandel wahnsinnig teure Zusatzfuttermittel.

Meistens haben Sie aber nicht nur einen Ratgeber. Mehr oder weniger ungefragt, werden Ihnen die unterschiedlichsten Leute, die unterschiedlichsten Diagnosen und Therapievorschläge unterbreiten. Manche dieser Vorschläge werden Sie ausprobieren, andere erscheinen Ihnen absurd und Sie greifen erst darauf zurück, wenn Sie noch ein bisschen verzweifelter sind.

Mit der Zeit wird Ihnen klar werden, dass alle diese selbst ernannten Experten genauso im Dunkeln stochern, wie Sie auch. Und wenn Ihrem Pferd an einem Abend mal wieder von vier verschiedenen Leuten eine Lahmheit an vier verschiedenen Beinen diagnostiziert wurde, dann reicht es Ihnen irgendwann. Dann werden Sie bald so weit sein, dass Sie dem nächsten wohlmeinenden Ratgeber am liebsten einen wohlmeinenden Fußtritt in den Allerwertesten versetzen würden.

Aber sparen Sie sich Ihre Aggressionen lieber für später auf. Schließlich steht Ihnen noch einiges bevor. Jetzt kommt erst einmal

Der Tierarzt

Einen guten Veterinär zu finden, ist wie ein Sechser im Lotto. Aber so ein Glückskind sind Sie schließlich nicht, oder?

Zunächst einmal werden Sie froh sein, endlich die Meinung eines Profis zum Zustand Ihres Pferdes zu hören. Wenn Sie Pech haben, hören Sie aber außer einem unverständlichen Brummeln nicht viel von Ihrem Veterinär. Nachdem Sie dem Doc nämlich die gesamte Leidensgeschichte Ihres Rosses vorgebetet haben, gibt er Ihrem Pferd einfach irgendeine Spritze, raunt etwas von Boxenruhe und verschwindet ziemlich hektisch wieder, weil er wohl irgendwo einen dringenderen Termin hat. Immerhin will er aber in einer Woche zur Verlaufskontrolle wiederkommen.

Während Sie beobachten, wie sich die Rücklichter des Tierarztautos ziemlich schnell vom Hof entfernen, fallen Ihnen ganz viele Fragen ein. »Was hat mein Pferd denn nun? Kommen die Beschwerden aus dem Rücken oder aus den Beinen? Hat es vielleicht eine Infektionskrankheit? Habe ich etwas falsch gemacht? Was soll ich füttern? Muss das Pferd wirklich bewegungslos in der Box stehen, darf ich es nicht wenigstens spazieren führen?«

Sie nehmen sich vor, diese Fragen beim nächsten Tierarztbesuch zu stellen. Bevor Sie aber den Tierarzt das nächste Mal sehen, sehen Sie seine Rechnung. Da dämmert in Ihnen der Verdacht, dass diese tierärztliche Behandlung nicht unbedingt in erster Linie Nerven kostet ...

Natürlich erhalten Sie von Ihren Stallgenossen nun wieder jede Menge gut gemeinte Ratschläge, was die Wahl Ihres Veterinärs anging: »Wie konnten Sie nur ausgerechnet den Doktor X rufen? Der hat doch keine Ahnung ...«

Keine Sorge, hätten Sie Doktor Y gerufen, wäre der gleiche Kommentar gekommen ...

Der Herr Doktor wird noch einige Rechnungen lang an Ihrem lieben Vieh herumdoktern, bevor er irgendwann bedächtig den Kopf schüttelt und offenbar mit seinem Latein am Ende ist.

Dann wird es nicht mehr lange dauern und Ihr Pferd steht

In der Klinik

In so einem Krankenhaus für Pferde liegt Ihr Ross zwar nicht in einem sauber bezogenen Bettchen, wie sich das originelle Nichtreiter so gerne vorstellen, aber es steht rund um die Uhr unter der Beobachtung eines ganzen Ärzteteams.

Das wird, das *muss* jetzt der Durchbruch sein, denken Sie. Hier werden Sie endlich erfahren, was mit Ihrem Pferd los ist und wie ihm geholfen werden kann! Bei dieser Aussicht verdrängen Sie auch ganz schnell alle Gedanken an die entsetzliche Hängerfahrt zur Klinik, bei der das panische Pferd beinahe den Anhänger zertrümmert hätte. Und an die Rechnung für den ganzen Klinikspaß denken Sie jetzt natürlich ebenfalls noch nicht.

Tja, wie soll ich Ihnen das jetzt beibringen? Also ... eine genaue Diagnose – und das war es doch, was Sie wollten, oder? – werden Sie auch hier nicht bekommen. Aber keine Angst, ganz mit leeren Händen schickt man Sie auch nicht nach Hause! Sie bekommen sozusagen einige unerwartete Krankheiten als Dreingabe!

Sie haben Ihr Pferd wegen einer unerklärlichen Lahmheit in die Klinik gebracht. Wieso es nun lahmt, werden Sie vermutlich nie erfahren, aber man wird Ihnen sagen, dass es auf alle Fälle einen Spezialbeschlag braucht. Außerdem hat es ja sowieso Spat, wussten Sie doch, oder? Und diese Lungengeräusche, außergewöhnlich übel! Dann bietet man Ihnen noch etliche bedenkliche aber unklare Röntgenbefunde und die Aussage, dass das Blutbild eine Infektionskrankheit vermuten lässt, Borreliose vielleicht, aber so genau weiß man das halt auch nicht, weil derlei Bluttests leider doch keine hundertprozentige Gewissheit geben.

Alles klar?

Und weil man ja jetzt nicht sooo genau weiß, was Ihrem Pferd fehlt, kriegt es vorsichtshalber mal Antibiotika und Entzündungshemmer gespritzt und eine tolle Vitaminaufbaumischung verabreicht. Dann sollten Sie den Patienten aber auch bald mal wieder abholen, der Klinikplatz wird für einen Notfall benötigt! Vergessen Sie aber nicht, vorher im Sekretariat zu bezahlen! Das macht dann inklusive Vollversorgung, Medikamenten und Röntgenbildern 3333 Euro, bitte! Vielen Dank, auf Wiedersehen!

Wie, Ihr Pferd lahmt immer noch? Boxenruhe sollten Sie ihm gönnen! Und nach weiteren zwei Stehwochen wieder langsam mit longieren anfangen! Und wenn es dann immer noch lahmt? Na, dann fahren Sie doch nochmal in die Klinik!

Jetzt sind Sie enttäuscht, hmm? Verzagen Sie (noch) nicht! Legen Sie eine kleine Denkpause ein und holen dann den

Tierheilpraktiker

In der Humanmedizin hat sich der Heilpraktiker in den letzten Jahren als gangbare Alternative zur herkömmlichen Schulmedizin etablieren können. In der Veterinärmedizin ist das nicht anders. Es kommt durchaus nicht selten vor, dass Tierheilpraktiker in Fällen Erfolge erzielen, die von der Schulmedizin bereits als hoffnungslos abgestempelt worden waren.

Der Grund für solche Erfolge ist allerdings nicht unbedingt die prinzipielle Überlegenheit naturheilkundlicher

Arzneimittel, er gründet sich vielmehr häufig auf die ganzheitliche Betrachtung des tierischen Patienten. Wenn der Schulmediziner nämlich aufs Geratewohl mal zwei Wochen Boxenruhe anordnet, dann macht er sich dabei über die Psyche seines Patienten nicht die geringsten Gedanken. Aber jedes Pferd, das nicht gerade in akuter Lebensgefahr schwebt, ist an der frischen Luft und in Pferdegesellschaft besser aufgehoben als alleine im muffigen Stall.

Der Heilpraktiker ist da meistens einen Schritt weiter. Wenn Ihr Pferd krankheitsbedingt nicht herumtoben darf, dann wird er Ihnen vielleicht raten, es auf einen abgetrennten, kleinen Paddock mit Sichtkontakt zu seinen Artgenossen zu stellen, bis es wieder fit genug ist, um mit der Herde zu laufen. Sie glauben nicht, wie sehr eine solche mit wenig Aufwand zu realisierende, pferdefreundliche Lösung einen Heilungsprozess beschleunigen kann!

Kann, wohlgemerkt! In Ihrem Fall wird aus diesem »kann« leider kein »wird« werden. Denn einen guten Heilpraktiker zu finden ist genauso schwierig, wie einen guten Tierarzt zu finden oder eine gute Reitschule oder ein Pferd, das nie krank wird ...

Unglücklicherweise sind Heilpraktiker auf ihre Art und Weise genauso engstirnig wie Schulmediziner. Und wenn Sie nun ausgerechnet einen erwischt haben, der auf Akupunktur schwört, dann wird Ihr Pferd eben gepiekt bis zum geht nicht mehr. Oder wenn der Heilpraktiker eine Schwäche für Osteopathie hat, dann wird an Wirbeln herumgerenkt bis zum Abwinken – und die krankhafte Veränderung, die Ihr Pferd vielleicht an der Hufrolle hat, bleibt weiterhin unentdeckt.

Außerdem hat die Schulmedizin eben doch auch ihre Vorteile, sonst könnten wir ja alle wieder zur Kräuterhexe gehen, wenn wir krank sind. Und der Heilpraktiker hat leider weder einen Röntgenblick noch darf er starke Medikamente wie Antibiotika einsetzen. Was in dem Moment zum ernsten Problem wird, wenn Ihr Heilpraktiker darauf besteht, eine akute, sich stetig verschlimmernde Entzündung mit einer Arnikatinktur zu behandeln, was den wütenden Bakterien aber gerade mal ein müdes Hüsteln entlockt.

Wenn Sie merken, dass die »sanfte« Therapie nicht anschlägt, dann springen Sie über Ihren Schatten und rufen Sie den Doktor X. Zu irgendetwas muss der ja schließlich gut sein – und Spritzen geben kann er ja ...

Was macht eigentlich die Lahmheit Ihres Pferdes? Keine Veränderung? Sie glauben mittlerweile, dass Ihnen nur noch ein Wunder helfen kann? Kein Problem! Die Pferdeszene hält ein solches für Sie bereit! Es kostet Sie nur einen Telefonanruf, dann steht er vor Ihnen, der

Wunderheiler

Unter dem Oberbegriff Wunderheiler fasse ich jetzt mal ganz frech die verschiedensten »Therapeuten« zusammen, die sich eher unkonventioneller Behandlungsmethoden bedienen. Dazu zählen Wünschelrutengänger, Reiki-Meister und Telepathen, die gedanklichen Kontakt zu Ihrem Pferd aufnehmen, um es zur Natur seiner Beschwerden zu fragen.

Lachen Sie nicht! Sie sind wohl noch nicht verzweifelt genug?

All diese Menschen inserieren in den einschlägigen Reitermagazinen, und wenn sie sich auf Dauer diese Anzeigen leisten können, dann müssen sie ja wohl auch Zuspruch erfahren. Es gibt eben eine Menge verzweifelter Pferdebesitzer!

Sie werden nicht mehr lachen, wenn erst ein ernst dreinblickender Heiler vor Ihrem Pferd steht und ihm mit konzentrierter Miene heilende Edelsteine aufs Haupt drückt. Sie werden vielmehr inständig hoffen und beten, dass dieser Mensch kein dreister Scharlatan ist, der sich abends am Stammtisch mit seinen Kollegen über die armen Irren totlacht, die ihn für den Quatsch auch noch bezahlen.

Mit genau dieser Hoffnung werden Sie auch brav den heilsamen Edelstein in das Tränkebecken Ihres Pferdes hängen, den Ihnen der Heiler für gar nicht so viel Geld da gelassen hat.

Aber Ihre Hoffnungen sind mittlerweile trostlos und bitter geworden. Tief im Innern wissen Sie, dass Sie am Ende eines langen Weges angekommen sind. Sie fangen an, sich Gedanken zu machen über

Das Ende

Angenommen Ihr Pferd ist noch in der Lage, ein pferdewürdiges Leben zu führen, sprich, es kann sich ohne Schmerzen auf der Koppel bewegen, frisst gerne und genießt die Gesellschaft seiner Artgenossen. Seine obskure Lahmheit macht allerdings eine reiterliche Belastung unmöglich.

Dann freuen Sie sich!

Betrachten Sie die Lahmheit Ihres Pferdes als den Fingerzeig einer wohlmeinenden höheren Macht und ziehen Sie die Konsequenzen!

Verkaufen Sie den ganzen teuren Reitkrempel und begleichen damit die letzte offene Klinikrechnung!

Kündigen Sie sofort den Einstellvertrag bei Ihrem tollen Reitstall mit Halle, Diplom-Reitlehrer und bewirtetem Reiterstübchen!

Suchen Sie einen ordentlichen Offenstall mit riesigen Koppeln, auf denen Ihr Pferd den glücklicheren Teil seines Lebens als Nichtreitpferd verbringen darf!

Und machen Sie ja nicht den Fehler, zum Wiederholungstäter zu werden und mit einer neuen Reitschule, einer neuen Reitbeteiligung, einem neuen Pferd den ganzen elenden Mist wieder von vorne zu beginnen!

Seien Sie schlau und lassen Sie miesen Reitunterricht, beschissene Reitställe und bekloppte Reiter hinter sich!

Besuchen Sie stattdessen Ihr Pferd in seiner neu gewonnenen Freiheit und werden Sie selber frei, indem Sie ihm einfach stundenlang beim Grasen zusehen!

Werden Sie endlich das, was Sie schon immer sein sollten, lassen Sie den Traum wahr werden und

WERDEN SIE NICHTREITER!

Sie wollen es mittlerweile doch auch, oder?

Und so hatte die traurige Geschichte doch noch ein Happy End …

V. HÖREN SIE AUF!

Eine Schlussbetrachtung

»Hör auf, hör auf, hör auf …«, schallt es monoton immer wieder über Putzplätze, durch Stallgassen und Reithallen.

»Hör auf, hör auf, hör auf …«, nölen unzählige Reiterstimmen, wenn ihre Pferde mit den Hufen scharren, mit den Köpfen schlagen oder sonst wie unangenehm auffallen.

»Hör auf, hör auf, hör auf …«

Ist Ihnen in Ihrer Zeit als aktiver Reiter irgendetwas unangenehm aufgefallen?

Eine ganze Menge, nicht wahr?

Dann seien Sie dieses eine Mal konsequent und

HÖREN SIE AUF!

ÜBER DIE AUTORIN

Susanne Puls wurde am 1973 in Bensberg, im Bergischen Land, geboren. Nach dem Abitur zog sie nach Frankfurt am Main, um dort Bibliothekswesen zu studieren. Seit 1995 arbeitet sie als Diplom-Bibliothekarin bei der Deutschen Bibliothek in Frankfurt. Zehn Jahre lang beschäftigte sie sich in ihrer Freizeit intensiv mit dem Reitsport, hängte aber nach dem Tod ihres Pferdes die Reitstiefel an den Nagel. Ihr Traum ist es, einmal einen Gnadenbrothof für Pferde zu eröffnen.

Anhang

Reiter-Bücher zum Abgewöhnen

Guru gefällig?
• Hempfling, Klaus Ferdinand: Der Pferdeschamane: erfüllt leben, Erfüllung schenken, Saarbrücken, 2000

4 x Stress, 4 x Angst …
• Bentley, Joni: Reiten ohne Stress und Angst: eine Einführung in die Alexandertechnik, [Lüneburg], 1999
• Bruns, Ursula: Reiten ohne Angst?: Gefahren kennen und erkennen, Recklinghausen, 1991
• Gohl, Christiane: Entspannt reiten: weniger Stress im Umgang mit Pferden, Stuttgart, 1992
• Wieland, Marina: Reiten lernen ohne Stress, München, 1998

• *Heck, Holger: Droge Pferd,*
Friedberg
Bd.1: Von der Faszination der Pferde, 1985
Bd. 2: Vom Schicksal, mit Pferden zu leben, 1987

Man beachte den Originaltitel! Wirklich lustig!
• Gordon Watson, Mary: Reiten lernen : leicht – schnell – gründlich (Learn to ride in a weekend <dt.>), Bielefeld, 1995

Was sich jeder potentielle Pferdekäufer vorher ansehen sollte:
• Knottenbelt, Derek C., Pascoe, Reginald R: Farbatlas der Pferdekrankheiten, Hannover, 1998

Reiter-Links zum Abgewöhnen

www.koppel.de
Das Informations- und Meinunsforum der Hotti-Fraktion unter den Reitern. Durchaus hilfreich, aber bei längerer Lektüre der Foren sind spontane Hirnblutungen nicht auszuschließen …

www.fn-dokr.de
Offizielle Internet-Seiten der Deutschen Reiterlichen Vereinigung

www.reiter-revue.de
Reiter-Kram aller Art. Interessant ist die Rubrik »Hilfe Doc!«, hier suchen verzweifelte Pferdebesitzer Rat bei einer Online-Ärztin …

www.ecus.net
Horrorbilder von Huferkrankungen, nebst Bestellformularen für sauteure Öle, mit denen selbige Krankheiten zu kurieren sind

www.hotterinchen.de
Wer einer URL so einen Namen gibt, dem ist nicht mehr zu helfen!

VERBALE SELBSTVERTEIDIGUNG
für die wichtigen Dinge in Ihrem Leben!

Die neue Reihe bei Rake liefert Ihnen Argumente in Hülle und Fülle, um in der Diskussion einen anderen Standpunkt einnehmen zu können.

ENDLICH NEINSAGER *von Sabine Both*
ISBN 3-931476-82-0
Ihre Lieblings-Soap. Spezielle Hamburgerketten. Barbiepuppen. Luxusartikel. Körperliche Verausgabung. Diäten. Sex. Der kläglich Versuch, die gähnende Leere sinnlosen Lebens durch Konsum und selbstinszenierte Kicks zu füllen, kommentiert »Endlich Neinsager« mit bösartiger Ehrlichkeit. Eine garstige Satire, die ganz sicher auch Sie erröten lässt!

ENDLICH VOGELFREI *von T. Wieczorek* ISBN 3-931476-84-7
Es gibt keine Gerechtigkeit außerhalb des Staatsapparats! Thomas Wieczorek klärt uns mit Witz über die Scheinheiligkeit der Demokratie auf. Haben Bürger Rechte? Was müssen sich die Deutschen an Schikanen auf den Ämtern gefallen lassen? Aber vor allem: Was steht uns noch ins Haus? Wieczorek klärt uns nicht nur auf, sondern gibt uns in seinem Buch auch Ratschläge zum Schutz vor der staatlichen Übermacht!

ENDLICH NICHTREITER *von S. Puls* ISBN 3-931476-80-4
Dieses Buch mag für den ahnungslosen Nichtreiter in erster Linie eine amüsante Lektüre sein. Dem Kenner der Reiterszene wird allerdings mitunter das Lachen im Halse stecken bleiben, wenn er erkennt, was hier beschrieben wird: Der ganz normale Reiter-Wahnsinn!

ENDLICH: NIEMALS MEHR OHNE PASSENDE ANTWORTEN

Die AutorInnen haben für Sie nachgedacht, damit SIE Ihren Argumenten Schlagkräftigkeit verleihen können.

NIEMALS NICHRAUCHER *von A. Auras & T. Wißmann*
ISBN 3-931476-83-9
Die ultimative Antwort auf die Schwemme all der Entwöhnungsbücher: Niemals Nichtraucher! Das Buch gibt dem heutigen Raucher endlich die nötigen Argumente an die Hand, um sich gegen die ausbreitende Nichtraucherfraktion zu wehren.

NIEMALS GESETZESTREU *von Falk van Helsing*
ISBN 3-931476-85-5
»Wer die Gesetze nicht kennt, bringt sich um das Vergnügen, gegen sie zu verstoßen!«, wusste schon der französische Schriftsteller Jean Genet (1910-1986). Der am Gesetzesbruch Interessierte kann in diesem Buch alles über die gängigsten Straftaten, die ganze Palette von der Amtsanmaßung bis zur Steuerhinterziehung, nachlesen. Und findet eine Anleitung, diese zu begehen!

NIEMALS FLEISCHLOS *von S. Claußen* ISBN 3-931476-81-2
Auch VegetarierInnen lassen sich vom Fleisch verführen! Doch wer findet schon die große Liebe im Schlachthof?
»Niemals fleischlos« ist ein modernes 3-in-1-Produkt. Mit Kochrezepten, einer Hommage an »Mr. Müsli« Max Bircher-Benner, einem Drama aus dem Nutztier-Millieu und einer Geschichte über die schönen Seiten des Lebens: Urlaub, Autos, Kino und Sex!

RAKES
HANDBUCH FÜR LEIDENDE
ISBN 3-931476-36-7

Zehn Autorinnen und Autoren erzählen uns Geschichten übers Leiden – dem hausgemachten, dem zivilisatorischen, dem uns allen täglich begegnenden. Das kleine Kompendium führt Sie durch die Welt des Leidens und eröffnet Ihnen neue Dimensionen. Lassen Sie sich überraschen – und: Gut Leiden!

Lassen Sie sich nichts einreden: Leiden ist demokratisch, erreicht uns alle irgendwann – und es ist immer persönlich. Sei es das Leiden am Leben an sich, das Leiden am Essen, das Leiden an den schlechten Soap-Operas oder das Leiden an der Liebe. Für alle, die gelitten haben, leiden oder leiden möchten, gibt es nun endlich das Handbuch. Die Idee ist, einen selbstironischen Umgang mit seinen eigenen Leiden zu finden. Natürlich auch die Einsicht, dass wir uns für die Alltagsleiden selbst entscheiden, aus freien Stücken, sozusagen. Und, Hand aufs Herz, darüber lohnt es sich zu lachen!

MIT GESCHICHTEN VON

Stefanie Claußen (Das Leiden der Vegetarier), Roland Griem (Das Leiden des Verliebtseins), Axel Marquardt (Bei uns daheim), Sara Johannsen (Das Leiden unter Soaps), Susanne Puls (Leidensdreieck), Stephan Sarek (Ich leide, also bin ich), P.-A. Wagemann (Das Leiden infloge von Geheimtipps), Thomas Wieczorek (Das Gesellschaftsleiden), Bernd Zeller (Das Leiden als Missverständniss), Gerlis Zillgens (Das Leiden des jungen G.)

DAS KAMASUTRA FÜR AUTOFAHRER

VON P.-A. WAGEMANN

ISBN 3-931476-74-X

Wer wissen möchte, was und wie man es auf Rädern machen kann, der wird im Kamasutra für Autofahrer fündig: Vom Ochsenkarren über den PKW bis hin zur Schubkarre und den Inlineskates. Sogar das Schiebedach vermittelt dem Freund des Sex auf Rädern völlig neue Aussichten. Hier kommt der Akrobat auf seine Kosten, der Sado- u. Masochist, der Nekrophile, aber auch der stumme Voyeur. Das Büchlein richtet sich an Praktiker wie Theoretiker gleichermaßen, vor allem an Leser mit Humor, durchaus schwarzem.

MIT ILLUSTRATIONEN VON MARC TAEGER

»Auto-Sex ist nicht gleichbedeutend mit Onanie oder Selbstbefriedigung. Obwohl Auto-Sex Onanie nicht ausschließt. Manche erleben einen Orgasmus nur im Bett, manche nur auf dem Boden, andere nur im Stehen, wieder andere nur im Gehen. Und es gibt Menschen, die ihren Höhepunkt wegen des erotischen Ambientes vorzugsweise im Auto zelebrieren. Für diese ist das Kamasurtra für Autofahrer geschrieben.«

Für alle anderen natürlich auch!

ROLAND SPRANGER
THRAX
ISBN 3-931476-37-5

ThRAX ist eine bitterböse Story über Möchtegern-Gewinner in der Welt der New Economy, deren halbausgereifte Persönlichkeiten nur zu kurzen Aufstiegen im schnelllebigen Business geeignet sind. Und es wird beschrieben, wie die Welt sich anfühlt, nachdem sie vom Terror durchbohrt wurde.
Roland Spranger mag die Welt und seine gescheiterten Helden und Heldinnen, aber er packt sie nicht in Watte. Durch Bilder, die sich auf der Netzhaut einbrennen und mit der Beschreibung alltäglicher Katastrophen schickt er uns alle auf einen skurril-komischen, aber auch beunruhigenden Trip durch die Realität.

KOMMUNIKATIV& krativ/teamorientiert & konsequent – so beschreibt sich die junge Werbeagentur, deren Teilhaber Dirk ist. In seinem Privatleben kommuniziert Dirk zwar auch kreativ, verhält sich dafür aber weder teamorientiert noch konsequent. Seine schwangere Freundin verlässt ihn, weil er sich nicht mit der Vaterrolle anfreunden kann und seine halbherzigen Versuche, sie zurückzugewinnen, fallen schlicht unbeholfen aus. Das ist allerdings nicht sein einziges Problem: Sein Kompagnon Bernd ist damit beschäftigt, die Firma zu ruinieren, indem er obszöne Visitenkarten verteilt und Dirk muss dringend eine umwerfende Frau finden, die Mittelpunkt seiner Werbekampagne für das Computerspiel ThRAX werden soll. Als er Natascha trifft, glaubt er die Richtige an Land gezogen zu haben und verknallt sich zu allem Überfluss in sie. Das Abenteuer, das er mit ihr und ihrem kleinen Bruder erlebt, bringt ihn allerdings nicht ans Ziel seiner Träume, sondern macht ihm klar, dass man Überraschungen oft hilflos gegenüber steht!
Bernd ist der nächste, der ihm durch einen Anruf mitteilt, dass die Realität endgültig ihr bisheriges Gesicht verloren hat.
»Schalt den Fernseher an!«
»Welches Programm?«, fragt Dirk
»Egal, welches Programm!«
Alle Sender zeigen den gleichen Film. Ein Flugzeug gleitet langsam in einen Wolkenkratzer.

BETTINA BONETTO
DER FALL WEINTRAUBE
ISBN 3-931476-38-3

Bettina Bonettos Debüt ist ein großer sprachlicher Spaß in Form einer Agentenstory à la Monty Python, in der sogar Platz für eine schlichte und ergreifende Liebesgeschichte ist. Das Zusammenspiel von erfrischenden Wortspielen, einer schillernd irrealen Handlung und lauten Dialogen ist das Markenzeichen der jungen Autorin. Die Gefahr des Buches: Fast unmerklich werden sich ein paar Bonetto-Ausdrücke in Ihren Sprachgebrauch mischen, die nur schwer wieder auszumerzen sind.

Nichtsahnend sitzt Ophelia in einer Eisdiele und widmet sich einer extragroßen Portion, als ein Geheimagent sie mit seiner Kontaktperson verwechselt und sie so unfreiwillig in den »Fall Weintraube« eingeweiht wird.
Zur Mitwisserin geworden, bleibt ihr nichts anderes übrig, als mit Agent Tristan zu kooperieren. So beginnen sie die Suche nach dem gemeingefährlichen Weintraubenmann, der seine Opfer mit billiger Sprühsahne attackiert, sie fesselt und an eine selbst mitgebrachte Milchbar stellt, um sie dann zu fotografieren.
Bewundernswert, dass ihnen bei diesem fast unlösbaren Fall nicht der »Gulaschfaden reisst« und sie nie daran denken, »die FLINTSTONES ins Korn zu werfen« oder gar die »Seeigel zu streichen«. Ganz im Gegenteil – sie verlieben sich ineinander!